A. DELASALLE.

SUPPRESSION

DE

L'ÉCOLE POLYTECHNIQUE

Inde delenda..

PARIS

E. DENTU, LIBRAIRE-ÉDITEUR,

Palais-Royal, 17 et 19, Galerie d'Orléans

1871

SUPPRESSION

DE

L'ÉCOLE POLYTECHNIQUE.

Il est en France un certain nombre d'arches saintes auxquelles il est bien difficile de toucher.

L'école polytechnique est une de ces institutions qui semblent pour ainsi dire de droit divin.

Malheur à celui qui ose la combattre ; il a contre lui la routine, et la routine en France est un ennemi bien puissant.

Pour moi qui n'ai aucune attache avec l'école polytechnique et qui ai le bonheur de n'avoir pas eu à lutter personnellement contre l'esprit de cette école, pour moi qui n'ai ni haine ni envie, et qui surtout ne veux faire de personnalité d'aucune sorte, j'exposerai, j'espère, mes idées sur cette institution, avec la plus grande impartialité, ne cherchant que la vérité et le progrès dont nous avons tant besoin.

La première objection que l'on me fera à sa suppression, c'est que l'école polytechnique a donné à la France un grand nombre d'hommes de mérite.

Je le reconnais facilement ; mais je prétends que ces citoyens ne sont pas devenus de grands hommes parce qu'ils sont allés à l'école polytechnique, mais parce qu'ils étaient bien doués, et qu'ils ont reçu à cette école une instruction qui leur a permis ensuite de pousser plus loin l'étude des sciences.

Je prétends, en effet, que si l'école polytechnique n'avait pas été créée, ou du moins si elle avait été supprimée dès que l'instruction supérieure s'est répandue en France, nous aurions eu infiniment plus d'hommes de mérite.

Cette école, à mon avis, est une sorte de petite église en dehors de laquelle il n'y a pas de salut, ou du moins pas de réussite possible.

Les anciens élèves de l'école polytechnique disent *l'Ecole* comme on dit *la Bible*; ils se tutoient quels que soient leur âge et leur grade. Les élèves, quoique portant un uniforme militaire, ne saluent que les officiers des corps *alimentés* par leur école ; en un mot, ils forment une sorte de franc-maçonnerie où chacun porte son titre d'élève ou *d'ancien élève de l'école polytechnique* comme un véritable brevet de capacité universelle.

Mon Dieu tout cela n'est qu'un enfantillage dont je me contenterais de rire s'il se bornait là ; mais l'école polytechnique est aujourd'hui une puissance dans l'Etat comme le fut, à une autre époque, la société de Jésus.

Elle a pour elle une tradition; nous verrons que la loi lui reconnaît des *droits*; elle fait arriver les siens aux plus hautes positions dans tous les services publics; elle a enfin un esprit d'exclusivisme qui nuit au progrès, en empêchant de parvenir les hommes de talent que leurs parents n'ont pas poussés dès l'âge de seize ou dix-huit ans vers l'école omnipotente.

On verra, en parcourant cette brochure, les preuves incontestables de cet esprit jaloux. Citons cependant quelques exemples: La loi du 18 juillet 1866 sur les Conseils généraux force les départements à employer les ingénieurs des ponts et chaussées pour les travaux de routes départementales, bien que ces routes soient exécutées par les départements avec leurs propres ressources, et que les travaux faits par les ponts et chaussées passent à tort ou à raison pour les plus coûteux.

Je signalerai aussi la singulière disposition de l'article 5 de la loi du 11 avril 1831 :« Il est compté quatre années de service *effectif* à titre d'études préliminaires aux élèves de l'école polytchnique, au moment où ils entrent comme officiers dans les armes spéciales. »

Voilà une singulière façon de comprendre les mots : *Service effectif!*

Il serait aussi logique de faire compter les *services effectifs* des élèves de l'école polytechnique du jour de leur naissance.

Dailleurs, pour qu'il n'y ait pas de jalousie possible entre les divers élèves, la loi du 18 avril 1831 disait :«Il est compté quatre années de *service effectif*, à titre *d'études préliminaires*, aux élèves de l'école polytchnique, au moment où ils entrent dans le corps de la marine. »

Cette disposition est-elle destinée à faire croire que les élèves de l'école polytechnique ont fait quelques études préliminaires en navigation ?

Eh bien, malgré ces mesures et bien d'autres qui me semblent prises pour mettre à l'épreuve la patience publique, je n'ai pas entendu s'élever de réclamations officielles et sérieuses.

On me dira qu'il n'est pas possible de supprimer une école qui met à même d'arriver à toutes les professions, et qu'il faudra la remplacer par une autre qui ne tardera pas à avoir le même esprit.

Je crois pouvoir démontrer aisément tout ce qu'a de grotesque cette prétention de rendre aptes à tous les métiers des élèves qui ont passé deux années à une école quelconque: mais si j'appelle de tous mes vœux la suppression de l'école polytchnique, je ne veux nullement faire disparaître les écoles dites d'application. Au contraire, je voudrais qu'elles fussent réorganisées d'une façon beaucoup plus libérale.

Cette question rentre d'ailleurs dans celle de l'instruction publique.

Dans le programme que j'ai présenté aux électeurs de la Seine, j'ai demandé l'instruction publique *gratuite à tous les degrés dans des externats entretenus par l'Etat.*

C'est le point de départ de l'organisation que je proposerai.

Les *écoles militaires* seules seraient composées d'élèves internes ; toutes les autres seraint de simples cours qu'un grand nombre d'élèves pourraient suivre, après avoir satisfait toutefois à un examen d'admission.

A la fin des études, un concours serait ouvert: Les élèves les plus instruits pourraient occuper les places du gouvernement qui seraient vacantes, les autres porteraient dans l'industrie les connaissances puisées à l'école.

Il n'y aurait d'ailleurs aucune limite d'âge pour l'admission aux écoles civiles. Bien des carrières, en effet, sont fermées aujourd'hui, passé un certain âge, et cela au détriment de tous. Les vocations peuvent souvent ne se montrer que tard, trop tard même pour qu'on puisse alors les suivre.

Je suis persuadé qu'en suivant ces principes, l'instruction générale et les services publics y gagneront.

On me demandera peut-être où les candidats pourront acquérir les connaissances nécessaires pour entrer dans les écoles d'application, lorsque l'école polytchnique sera supprimée.

Je répondrai à cela qu'une fois les programmes d'examens connus, on fera les cours nécessaires dans les facultés, aujourd'hui désertes, et même dans les classes supérieures des colléges.

Je demande, en un mot, que les écoles spéciales soient ouvertes à un grand nombre d'élèves, que les candidats y arrivent directement, que ces écoles soient installées en cours d'externes comme les écoles de droit et de médecine, et que l'on admette le pricipe du concours pour toutes les places du gouvernement.

Ainsi je voudrais qu'après avoir suivi les cours de droit, les élèves des facultés subissent un concours qui donnât accès dans la magistrature aux élèves les plus instruits ; je voudrais qu'il en fût de même pour les écoles qui ne sont aujourd'hui que des annexes de l'école polytechnique.

La question des écoles supérieures est également subordonnée à la loi militaire.

J'ai demandé, en parlant de la réorganisation de l'armée, que tous les jeunes gens de 20 à 22 ans fussent réunis dans des camps d'instruction.

Or, on me dira que les jeunes gens se présenteront en général aux écoles spéciales vers 18, 19 ou 20 ans, et que les deux années de camp pourront porter un grave préjudice à leur travail et à leur instruction en leur faisant perdre un temps précieux, ou même en coupant le temps d'école par le séjour au camp.

Il sera facile de remédier à cet état de choses, en déclarant que les élèves reçus dans ces conditions, pourront n'être envoyés au camp d'instruction qu'après le temps d'école terminé.

Je veux, en effet, que tous les citoyens sans exception soient soumis au service militaire, qu'ils passent deux années dans les camps ou dans les écoles militaires, et qu'ils soient soumis jusqu'à 35 ans à des exercices annuels.

Mais l'instruction militaire d'un certain nombre d'élèves des écoles spéciales peut sans inconvénient ne commencer qu'un ou deux ans plus tard, à la condition toutefois que ces jeunes gens, en cas de guerre, partiront toujours en même temps que leur classe.

Si l'on forçait, en effet, les jeunes gens à commencer tous leur instruction militaire à 20 ans, ceux qui seraient suffisamment instruits préféreraient faire leurs deux années de service dans les écoles militaires et donner ensuite leur démission de sous-lieutenant. De cette façon, il faudrait, pour assurer le service de l'armée, recevoir un très-grand nombre d'élèves dans les écoles militaires, ce qui occasionnerait une lourde charge pour l'Etat. Il est donc préférable, à tous les égards, de reculer, à la sortie des écoles civiles, l'époque de l'entrée au camp, pour tous les jeunes gens qui se destinent à une carrière autre que celle des armes.

Je demande, en outre, qu'il n'y ait plus de limite d'âge, pour l'admission aux diverses écoles civiles, afin que les jeunes gens puissent y entrer après avoir satisfait aux deux années d'instruction militaire, et même que les hommes faits puissent venir y puiser l'instruction spéciale (1).

La limite d'âge pour les écoles de l'armée de terre sera maintenue à 20 ans, et pour l'école navale à 17 ans (2).

Le temps passé dans ces écoles sera compté comme temps de service.

Disons en passant que les élèves qui, après leurs deux ou trois années d'école militaire, donneraient leur démission, en ayant satisfait aux examens de sortie, passeraient avec le grade de sous-lieutenant dans la réserve.

Ce serait une façon simple d'avoir en peu de temps dans la réserve un certain nombre d'officiers instruits, nécessaires à l'organisation que nous avons proposée.

Revenons à l'école polytechnique. On me dira: Nous avons aujourd'hui une institution qui satisfait à tous les besoins, une longue expérience l'a prouvé ; vous allez tout désorganiser, et il est probable (certain diront d'autres personnes) que ce que vous mettrez à la place ne vaudra pas ce qui existe. Ce que nous avons est suffisant, ce que vous voulez sera-t-il meilleur ?

Notre brochure est précisément destinée à prouver que le *progrès général* et le *bien de chaque service public* en particulier sont liés à la supression de l'école polytechnique.

Il faut d'ailleurs appeler les choses par leur nom et avoir le courage de son opinion ; je dirai donc qu'il est urgent de

(1) Il est facile de comprendre qu'avec le système que nous proposons, et la suppression de la limite d'âge, les conducteurs des ponts et chaussées, gardes-mines, maîtres-charpentiers des ports, etc., pourront, s'ils ont un véritable mérite, arriver au grade d'ingénieur.

(2) Voir à la fin de la brochure, le *post-scriptum*.

faire disparaître ce qu'on appelle *l'esprit* de l'école polytechnique qui, selon moi, empêche et empêchera tout progrès en France.

Malheur à l'inventeur, au chercheur, au novateur qui n'est pas sorti de la toute puissante école ; il ne poura jamais, *chez nous*, voir accepter son idée, car l'*Ecole* occupe toutes les issues, et celui qui n'est pas de la famille, est sûr de rester en chemin.

Les élèves de l'école polytechnique, sachant qu'après leurs deux années d'études ils seront considérés par *la loi* comme bons à tout, aussi bien à faire un officier de marine qu'un ingénieur des télégraphes, se persuadent facilement qu'ils ont la science infuse.

A peine entrés à l'école, ils se figurent être de jeunes savants, et, devenus chefs à leur tour, ils ne peuvent admettre qu'un employé, ne sortant pas de leur école, soit capable, ou du moins soit digne d'arriver. Aussi les corps *alimentés* par l'école polytechnique sont-ils divisés pour ainsi dire en deux corps distincts : l'un destiné aux plus hautes positions, l'autre ne pouvant parvenir, malgré son travail et ses connaissances, qu'à un grade subalterne (1).

Le mérite des élèves de l'école polytechnique est tellement admis (sans discussion possible), que, pendant le siége de Paris, un premier décret nomma sous-lieutenants d'artillerie les jeunes gens qui avaient passé deux années à l'école, c'est-à-dire qui avaient simplement terminé leurs études mathématiques.

Je me demande comment ces jeunes-gens, disposés à faire leur devoir de bons français (et ils l'ont prouvé), ont pu commander à des sous-officiers rompus au service ?

Cette mesure ne produisit pas une grande émotion : aussi un second décret nomma-t-il sous-lieutenants d'artillerie les

(1) A propos des écoles spéciales, je demande que le baccalauréat ne soit plus qu'un grade universitaire et qu'il ne soit plus exigé que pour la carrière de l'enseignement.

élèves qui n'avaient passé qu'une seule année à l'école ; c'est-à-dire ceux qui n'avaient suivi que la moitié des cours, et qui, malgré quelques promenades aux remparts et quelques tirs, ne savaient guère distinguer un canon d'un obusier.

Ce décret passa également assez bien, de sorte que l'on ne tarda pas à faire sortir les élèves qui venaient d'entrer à l'école, et qui avaient eu juste le temps d'enfourcher le fameux pantalon à double bande rouge.

Il faut croire que ce pantalon a la vertu de rendre les personnes qui le portent de parfaits artilleurs ; car ces jeunes-gens, fort dévoués, du reste, furent envoyés dans les secteurs et dans les forts après qu'on leur eut mis le galon de sous-lieutenant sur la manche.

Mon Dieu ! Ce n'est pas avec un esprit chagrin que je raconte ces faits. A ce moment l'on réclamait tous les dévouements, et les élèves de l'école polytechnique firent leur devoir comme tous les hommes au cœur bien placé ; mais je me permets de critiquer une mesure qui fit des officiers de jeunes-gens qui n'avaient aucune connaissance spéciale : Je critique surtout cette idée malheureusement reçue, qu'une fois entrés à l'école polytechnique, les élèves peuvent de suite exercer un commandement, sans avois appris le *métier*.

L'école polytechnique a ensuite un esprit d'indiscipline incompatible avec l'organisation d'une école d'internes, et surtout d'une école militaire.

Les élèves se croient forcés d'être libéraux, et à cet âge, dans une école, *l'esprit libéral* n'est pas autre chose que de *l'insubordination*. Aussi voyons-nous souvent les élèves de l'école polytechnique se révolter contre leurs officiers, et même prendre parti pour les émeutes de la rue.

Il faut bien reconnaître d'ailleurs que l'ordonnance du 6 août 1830 fit tout ce qui était nécessaire pour cela :

« Nous, Louis-Philippe d'Orléans, lieutenant-général du royaume , considérant les services distingués que les élèves de l'école polytechnique ont rendus à la cause de la patrie et de la liberté, et la part glorieuse qu'ils ont prise aux héroïques journées des 27, 28, 29 juillet.

» Avons arrêté et arrêtons :

» Art. 1er Tous les élèves de l'école polytechnique qui ont concouru à la défense de Paris , sont nommés au grade de lieutenants.

» 2. Ceux d'entre eux qui se destinent à des services civils recevront , dans les diverses carrières qu'ils embrasseront, un avancement analogue.

» 3. Ils ne passeront pas d'examens pour leur sortie de l'école; mais ils seront classés d'après les notes qu'ils auront obtenues pendant la durée du séjour qu'ils y ont fait.

» 4. Un congé de trois mois leur est accordé.

» 5. Vu la difficulté de reconnaître parmi tant de braves, ceux qui sont les plus dignes d'obtenir la croix de la Légion d'honneur, les élèves désigneront eux-mêmes douze d'entre eux pour recevoir cette décoration.»

Il est juste d'ailleurs de remarquer avec un vif sentiment de plaisir que les élèves de cette époque firent preuve d'une grande sagesse et d'un véritable esprit d'équité et de camaraderie , car il parut à la date du 14 novembre 1830 l'ordonnance suivante :

« Louis Philippe, etc.

» Les élèves présents à l'école polytechnique en 1830 , en faveur desquels l'ordonnance du 6 août dernier avait créé, soit des lieutenances d'artillerie ou du génie, soit des grades correspondants pour les ponts et chaussées et les mines, ayant exprimé le désir de renoncer à ces avantages, afin de ne pas nuire à l'avancement de leurs prédécesseurs ;

» Nous avons ordonné et ordonnons ce qui suit:

» L'ordonnance du 6 août dernier est et demeure révoquée.

» Toutefois le sentiment de délicatesse qui a dicté la démarche des élèves ne pouvant qu'ajouter à l'estime et à la considération que leur noble, patriotique et courageuse conduite, pendant les mémorables évènements de juillet, a inspirés à toute la population parisienne, nous nous réservons de nous faire présenter un rapport spécial sur chaque élève, et de lui accorder la récompense honorifique qu'il aurait méritée.»

Néanmoins la singulière ordonnance du 6 août ne tarda pas à porter ses fruits, car peu de temps après parut celle du 6 juin 1832 portant licenciement des élèves de l'école polytechnique.

« Louis Philippe, etc.

» D'après le compte qui nous a été rendu des graves désordres auxquels un grand nombre d'élèves de l'école polytechnique s'est livré : 1° en forçant la consigne de l'école pour aller se joindre aux séditieux, et en prenant part aux actes de rebellion dont les fauteurs de l'anarchie se sont rendus coupables ; 2° en revenant à deux reprises chercher à séduire les élèves qui sont restés fidèles à leur devoir, et ayant manifesté l'intention de leur enlever les armes de l'école, que ces derniers élèves ont constamment défendues avec honneur, etc.

» Art. 1er Les élèves de l'école polytechnique sont licenciés.

» Art 2. L'école sera immédiatement réorganisée.»

Cette révolte était fatale ; les élèves se rappelant ce qui s'était passé deux ans auparavant, mais oubliant la conduite de leurs devanciers, étaient fort désireux de ne pas terminer leurs deux années d'études, d'avoir un congé de trois mois, de recevoir un avancement extraordinaire et d'être nommés lieutenants d'emblée, et enfin d'obtenir douze croix de la Légion d'honneur.

Elle ne fut pas du reste la seule ; car les élèves ne purent comprendre comment ce qui était bien au mois de juillet 1830 put être mal au mois de juin 1832 ; aussi l'ordonnance du 17 août 1844 fut-elle rendue licenciant de nouveau l'école.

Nous ne passerons pas en revue toutes les révoltes et toutes les ordonnances de licenciement de l'école ; mais nous ferons remarquer que la discipline y est comprise d'une façon un peu large.

En effet, l'article 6 de l'ordonnance du 13 novembre 1830, qui est toujours en vigueur, porte :

« Les élèves qui, par leur rang de promotion, se trouvent *chefs de salles d'études*, porteront le titre et les galons de sergent-major et de sergent.... etc.»

Je laisse à penser combien les élèves font de parties de whist ou de baccarat pendant le temps consacré au travail, sous une direction aussi fraternelle.

Pour moi donc, l'esprit de l'école est mauvais, et toutes nos lois tendent à augmenter les idées d'exclusivisme des élèves : ainsi voyons-nous écrit dans l'article 4 de l'ordonnance du 25 novembre 1831, que « les officiers attachés à l'école polytechnique seront tous *anciens élèves* de l'école, » comme si l'on craignait les regards indiscrets des profanes.

Ce ne sont pas d'ailleurs les ordonnances de réorganisation qui ont manqué ; aujourd'hui on ne pourra détruire l'esprit malheureux dont je parle que par la suppression de l'école.

Cependant il ne suffit pas de vouloir supprimer une institution médiocre pour faire faire un progrès ; il faut prouver que l'institution est inutile, ou la remplacer par une meilleure; c'est ce que nous tâcherons de faire.

Les préliminaires des premières lois traitant de l'école polytechnique, disent :

« L'école polytechnique est destinée à *répandre* l'instruction des sciences mathématiques, physiques, chimiques et des arts graphiques, et de former des élèves pour les écoles d'application des services publics.»

On reconnaissait donc à cette institution un double but. Or, je suis persuadé qu'aujourd'hui nous avons un moyen infiniment préférable pour répandre l'instruction, celui de faire faire des cours supérieurs de sciences dans un grand nombre d'institutions telles que les facultés et les grands colléges (colléges d'externes et gratuits,)

D'autre part, je suis également persuadé que, l'école polytechnique étant supprimée, les divers services publics auront des sujets infiniment plus capables avec le système dont j'ai déjà dit un mot et qui consiste ; 1° dans *l'examen direct* pour l'admission aux écoles dites actuellement *d'application* ; 2° dans le nombre illimité des élèves admis après capacité reconnue ; 3° dans le *concours*, après études terminées, pour l'obtention des places vacantes dans les services de l'Etat.

Je commencerai par faire l'historique de l'école polytechnique; j'indiquerai ensuite les études que l'on y fait, et je montrerai l'inconvénient qu'il y a à faire sortir d'une même école des jeunes gens destinés à tant de carrières différentes.

Il arrive, en effet, que les carrières sont alors considérées comme *plus ou moins nobles*, et que les élèves les moins studieux sortent tous dans les services les moins recherchés, c'est-à-dire dans les services militaires et particulièrement dans l'artillerie.

J'étudierai enfin successivement toutes les carrières réservées aux élèves de l'école polytechnique, et je chercherai à prouver que le système que je propose est préférable pour la diffusion de l'instruction et pour le bien du service lui-même.

Si j'arrive à ce résultat, j'aurai prouvé par cela même la nécessité de la supression de l'école polytechnique.

1° Historique de l'école polytechnique

L'école polytechnique fut créée par la loi du 21 ventôse an II, sous le nom d'*Ecole centrale des travaux publics*. Ce titre était clair, mais trop peu savant; aussi la loi du 15 fructidor an III le changea-t-elle en celui d'école polytechnique qui a survécu jusqu'ici.

La loi d'organisation de cette école est celle du 7 vendémiaire an III. L'article 2 instituait un examen pour l'admission; les matières exigées étaient ; l'arithmétique et les éléments d'algèbre et de géométrie.

Le temps d'études était de trois années, pendant lesquelles les élèves touchaient 1200 livres, et après lesquelles ils étaient employés comme ingénieurs dans les différents genres de travaux publics , d'après la capacité et l'*aptitude* qu'ils avaient montrées.

Ceux qui n'avaient pas acquis pendant les trois années (une 4ᵐᵉ année pouvait leur être accordée) les connaissances suffisantes, retournaient chez eux, et cessaient de recevoir leur traitement.

La loi du 15 fructidor an III étendait le programme d'examen.

« Art. 3. Les connaissances exigées dans ces examens seront : l'arithmétique, l'algèbre, comprenant la résolution des équations des quatre premiers degrés et la théorie des suites, la géométrie, comprenant la trigonométrie ; l'application de l'algèbre à la géométrie, les sections coniques.»

Le compte-rendu des examens était envoyé à un jury composé de membres choisis parmi les savants *étrangers à l'école*, et les plus distingués dans les services mathématiques.

Jusque-là les élèves de l'école polytechnique étaient employés dans les services qui demandaient des études scientifiques ; mais la loi du 30 vendémiaire an IV, qui plaçait l'école sous l'autorité du ministre de l'intérieur, indiqua les carrières auxquelles les élèves pourraient prétendre.

« TITRE II. — Art. 1ʳ. L'école polytechnique est destinée à former des élèves pour le service : 1° de l'artillerie ; 2° du génie militaire ; 3° des ponts et chaussées et constructions civiles ; 4° des mines; 5° des constructions de vaisseaux et bâtiments de mer; 6° de la topographie, et, en même temps ; 7° pour l'exercice libre des professions qui nécessitent des connaissances mathématiques et physiques.»

Ce 7° était le résultat d'une idée fort juste, très-libérale, parfaitement dans l'esprit de la loi de création de l'école, et qui ne pouvait que produire d'excellents résultats.

A cette époque, en effet, l'instruction supérieure n'était pas répandue comme aujourd'hui : on ne pouvait de suite créer un grand nombre d'écoles pour enseigner les mathématiques, la physique, la chimie, etc. ; cette instruction se trouvait alors donnée dans une école unique ; mais les élèves pouvaient en grand nombre en suivre les cours, et c'étaient seulement les plus capables qui étaient admis dans les services publics.

Ce que je désire, c'est qu'on revienne à ces sages principes trop méconnus, tout en bénéficiant des progrès accomplis qui permettent d'enseigner les cours de l'école polytechnique dans un grand nombre de facultés et de colléges.

Les lois dont nous venons de parler avaient en vue la diffusion de l'instruction supérieure ; elles s'occupaient des jeunes-gens qui ne se destinaient pas aux carrières du gouvernement.

L'article 13 de la loi du 30 vendémiaire an IV dit en effet : « Les élèves qui se proposeraient de servir la République dans d'autres genres que ceux énoncés dans les articles précédents, auront la faculté d'achever le cours entier des études de l'école polytechnique ou d'en sortir à leur gré après la première, la seconde ou la troisième année, en s'assujettissant d'ailleurs à tous les règlements de l'école. »

L'article 16 disait à la vérité : « A l'avenir il ne sera plus admis aux écoles particulières du génie militaire, des ponts et chaussées, des mines, des géographes, ainsi que de l'artillerie et des ingénieurs des vaisseaux, que les jeunes gens ayant passé à l'école polytechnique et ayant rempli toutes les conditions prescrites ; » mais cette mesure était juste à cette époque, car, nous l'avons dit, aucune autre école ne pouvait alors donner une instruction aussi étendue.

L'arrêté du 7 fructidor an VI s'occupa des examens pour l'entrée à l'école polytechnique ainsi que des examens de sortie.

L'école polytechnique fut réorganisée par la loi du 25 frimaire an VIII qui n'est déjà plus aussi libérale que la précédente ; elle dit :

· L'école polytechnique est destinée à répandre l'instruction des sciences mathématiques, physiques, chimiques et des arts graphiques, et *particulièrement* à former des élèves pour les écoles d'application des services publics ci-après désignés : 1° L'artillerie de terre ; 2° l'artillerie de la marine ; 3° le génie militaire ; 4° les ponts et chaussées ; 5° la construction civile et nautique des vaisseaux et bâtiments civils de la marine; 6° les mines; 7° les ingénieurs géographes.»

L'école polytechnique ne semble plus destinée qu'à former des fonctionnaires ; il manque, en effet, dans l'énumération que nous venons de voir, le 7° de la loi du 30 vendémiaire an IV : « L'exercice libre des professions qui nécessitent des connaissances mathématiques et physiques ». Aussi la loi de l'an VIII dit-elle :

« Art. 8. Chaque candidat déclarera à l'examinateur le service public pour lequel il se destine : sa déclaration sera insérée au procès-verbal de son examen, et les élèves n'auront pas la faculté de changer leur destination primitive.»

Je regrette que le but de l'école polytechnique ait changé à cette époque ; mais je n'en reconnais pas moins que la disposition de l'article 8 était excellente ; de cette façon, les élèves qui avaient choisi une carrière, travaillaient pour y arriver, tandis qu'aujourd'hui, entrés à l'école avec l'idée d'être ingénieurs des des mines ou des ponts et chaussées, les élèves peu studieux se contentent, à leur sortie, d'une place de sous-lieutenant d'artillerie.

Le titre 3 de la loi a pour objet l'enseignement donné à l'école : « Mathématiques : analyse nécessaire à l'étude de la mécanique, — mécanique rationnelle, — géométrie descriptive,— application de la géométrie descriptive aux travaux civils, à la fortification, à l'architecture, aux mines, aux éléments de machines et aux constructions navales. — Physique générale. — Chimie élémentaire : Minéralogie et chimie appliquée aux arts, manipulations chimiques. — Dessin.»

Le titre 7 s'occupait du conseil de perfectionnement de l'école.

Le décret du 22 fructidor an XIII fait payer une pension annuelle de 800 francs aux élèves qui, jusque là au contraire, avaient touché un traitement.

L'ordonnance du 13 avril 1816 licencie l'école pour désobéissance générale aux ordres des chefs ; tout en reconnaissant « l'utilité de l'école polytechnique pour le progrès des sciences et des arts, et pour l'amélioration des services publics » et en promettant une nouvelle organisation qui devait *« étendre ses avantages,* lui donner un *nouvel éclat* et la porter à la perfection.»

L'ordonnance du 4 septembre 1816, réorganisa l'école polytechnique en ajoutant le service des *poudres et salpêtres* aux carrières qui lui étaient réservées. De plus elle disait que cette école était destinée à former des élèves « pour les autres services qui exigeraient des *connaissances analogues.»* Nous verrons quel parti l'école polytechnique a pu successivement tirer de ces deux mots.

Néanmoins l'ordonnance de 1816 revenait au principe de la diffusion de l'instruction supérieure, car il y est dit :

« Art. 23. Le candidat sera tenu de déclarer à l'examinateur ; 1° *s'il se destine à un service public* ; 2° à quel service il se destine de préférence, et suivant quel ordre son choix se porterait sur les autres services publics, à défaut de place dans celui qu'il aurait préféré. Sa déclaration sera insérée au procès-verbal de l'examinateur.

» Art. 24. Ceux des candidats qui se proposent d'entrer à l'école *seulement pour y puiser l'instruction,* et sans se destiner préalablement à un service public, jouiront de cette faculté en se conformant du reste à toutes les dispositions de la présente ordonnance. Si, devenus élèves de l'école, ces mêmes sujets veulent concourir pour être placés dans les services publics, ils seront encore reçus à faire la déclaration sus-mentionnée ; mais alors ils ne pourront concourir pour les places, qu'avec les élèves admis dans l'année même pendant laquelle leur dite déclaration aura lieu.»

Cette disposition pour les élèves libres devenait mauvaise puisque ceux qui se destinaient aux services publics avaient le droit de faire une liste de préférence : Elle supprimait ainsi une certaine émulation ; mais on a déjà vu que je ne pouvais admettre ces listes de préférence, et j'en ai dit les motifs.

« Art. 31. Le jury dressera la liste, par ordre de mérite, de tous les candidats *jugés en état* d'être reçus à l'école, et il la présentera à notre ministre de l'intérieur qui fera expédier les lettres d'admission suivant l'ordre de cette liste, en raison du nombre des places à remplir dans les services publics, et du nombre des candidats admis *sans destination déterminée.*

Art. 34. Les élèves qui ne s'étaient pas destinés à un service public, seront examinés comme les autres élèves, mais seulement à l'effet d'obtenir un certificat qui attestera leur instruction, s'il y a lieu, en faisant mention expresse du rang qu'ils ont obtenu dans la liste générale d'examen de sortie.

« Art. 37 et 39. Le commandant de l'école et les inspecteurs seront pris parmis les corps *alimentés* par l'école polytechnique.»

L'ordonnance du 31 août 1830 institua une commission chargée d'examiner la situation de l'école polytechnique et formée de deux généraux et de quatre professeurs de l'école.

L'ordonnance du 13 novembre 1830 qui règle l'organisation de l'école polytechnique n'en fait plus qu'une école préparatoire aux services publics ; ce n'est plus dès l'entrée à l'école, que les élèves doivent désigner le service auquel ils se destinent, mais seulement à la fin de la première année.

« Art. 28. A la fin de la première année d'études, les élèves seront tenus de désigner celui des services publics auquel ils se destinent, et aucune mutation ne pourra avoir lieu par la suite. Pour les guider dans ce choix, on leur fera connaître le nombre des places qui seront disponibles dans chaque service à la fin de l'année suivante.»

L'article 5 porte que « les réglements intérieurs de l'école seront modifiés de manière à permettre aux élèves, dans les jours de sortie, plus de liberté que par le passé.»

Mais cette ordonnance renferme des mesures bien autrement importantes. D'abord elle comprend la *marine militaire* au nombre des carrières *alimentées* par l'école polytechnique, ensuite elle dit :

« Art. 31. Les élèves de la seconde année (soit qu'ils l'aient doublée ou non), si leur rang dans la liste des admissibles ne leur donne pas le service de leur choix, auront *droit* d'être placés comme sous-lieutenants dans les *corps de l'armée qui ne s'alimentent pas à l'école polytechnique.*

Les élèves compris dans la même catégorie, qui ne prendront pas de sous-lieutenance, auront *droit* d'être reçus à *l'école forestière*, ou, sur leur demande, de suivre comme élèves-libres celle des écoles civiles d'application qu'ils désigneront; ils y jouiront, sous le rapport des études, des mêmes avantages que les élèves du gouvernement.»

Nous dirons plus loin ce que nous pensons de ces dispositions.

L'ordonnance du 25 novembre 1831 ajoute à la liste des carrières réservées à l'école polytechnique le corps des ingénieurs hydrographes.

L'article 14 de la loi du 21 mars 1832 considère comme ayant satisfait à *l'appel* les élèves de l'école polytechnique, à condition qu'ils passeront, soit dans ladite école, soit dans les services publics, un temps égal à celui fixé par la loi sur la conscription.

L'école polytechnique fut réorganisée par l'ordonnance du 30 octobre 1832. Cette ordonnance augmente encore la longue nomenclature des services alimentés par cette école, en ajoutant le corps d'état-major, et « les autres services publics qui exigeraient des connaissances étendues dans les sciences physiques et mathématiques, telles que *l'enseignement de ces sciences.*»

A partir de cette époque, ce n'est plus qu'après les examens de sortie que les élèves choisissent la carrière qu'ils veulent embrasser.

L'ordonnance du 24 août 1833 ouvre une carrière nouvelle aux élèves de l'école polytechnique, celle des télégraphes; et celle du 26 février 1839 fait de même pour le service des poudres et salpêtres qui avait disparu de la liste après 1816.

Après l'ordonnance du 17 août 1844 qui licencia l'école, parut le rapport du 30 octobre 1844 suivi de l'ordonnance du même jour.

« La commission, y est-il dit, s'est attachée à conserver tous les éléments qui ont contribué à la prospérité de cet établissement célèbre.»

Le rapport se termine ainsi :

Enfin le projet ramène autant que possible l'organisation de l'école polytechnique aux principes d'une loi primitive qui a pour elle l'autorité des noms les plus illustres, et dont les résultats ont été aussi profitables à la science que glorieux pour le pays. »

Certes la phrase s'arrondit bien ; mais il me semble que la commission de 1844 ne s'est pas pénétrée suffisamment de l'esprit de la loi primitive qui avait pour principal but la diffusion des études scientifiques.

Disons en passant que le décret du 19 juillet 1848 reconnut le principe libéral et juste de la gratuité des écoles, et de l'école polytechnique en particulier; mais ce principe ne fut pas appliqué, et disparut en 1850.

A chaque changement de gouvernement, et même plus souvent, on éprouve le besoin de réorganiser l'école polytechnique, en augmentant chaque fois le nombre des carrières auxquelles conduit cette école; aussi la République fit-elle paraître son arrêté du 11 novembre 1848.

L'article 1er de cet arrêté indique que l'école polytechnique n'est plus destinée qu'à former des élèves pour les services publics, et la liste de ces services est augmentée de celui de l'administration des tabacs.

De plus les élèves qui ne pouvaient pas être désignés pour un service de leur choix, avaient *droit* d'être reçus à l'école d'administration.

L'école d'administration était en effet une nouvelle création; il fallait bien reconnaître un nouveau *droit* à l'école polytechnique.

Disons, puisque nous en avons l'occasion, que cette école a malheureusement disparu, et que nous faisons des vœux pour son rétablissement prochain.

J'avoue ne pas comprendre le décret du 18 août 1851; il institue un comité de *délégués* des services publics qui se recrutent à l'école polytechnique. Ce comité est chargé de suivre les examens, à l'effet de constater si les tendances de l'enseignement, si le *caractère* et *l'étendue* de l'instruction acquise par les élèves répondent aux *besoins*, aux *légitimes exigences* des services publics. Chaque délégué donne des notes sur chacun des élèves, et doit désigner tout élève qui ne lui paraîtrait pas réunir actuellement, ou devoir réunir, l'année suivante, *toutes les conditions d'aptitude* nécessaires au service que le délégué représente.

Je ne suis pas extrêmement curieux; mais je ne serais pas fâché de voir les rapports des délégués, reconnaissant dans les élèves de l'école polytechnique « *toutes les conditions d'aptitude répondant aux besoins et aux légitimes exigences* » du service de la marine militaire ou du commissariat de la marine, par exemple.

Je crois sincèrement que ce décret n'a été rendu que pour jeter de la poudre aux yeux, et qu'il n'a dû aveugler personne.

Le décret du 1er novembre 1852 réorganise l'école polytechnique.

L'article 15 renferme une disposition nouvelle : « un certain nombre d'étrangers peuvent être admis à suivre les cours de l'école, comme auditeurs externes.»

Je souligne cet article, parce que c'est l'habitude en France d'être infiniment plus libéral pour les étrangers que pour les nationaux. Toujours chez nous, pour entrer dans un musée, dans un château, dans un arsenal, il suffit de montrer un passe-port d'étranger ; les français restent à la porte. Tous les documents, toutes les nouvelles inventions, mêmes militaires, sont orgueilleusement montrés à ceux qui peuvent un jour devenir nos ennemis, et soigneusement cachés à nos yeux. L'épouvantable invasion que nous subissons aujourd'hui nous fera peut-être changer de système.

Je préfère donc infiniment que le gouvernement songe d'abord à répandre l'instruction parmi les français, quitte à appeler plus tard, s'il n'y a pas d'inconvénients, les étrangers à profiter du bienfait de nos écoles.

Le décret du 14 mai 1853 découvrit une nouvelle carrière à donner aux élèves de l'école polytechnique, celle du commissariat de la marine.

Enfin le dernier décret de réorganisation de l'école polytechnique porte la date du 30 novembre 1863 ; c'est celui qu'il nous faut étudier avec soin :

TITRE Ier.

Institution de l'école polytechnique.

» Art. 1er L'école polytechnique est spécialement destinée à former des élèves pour les services ci-après, savoir :

» L'artillerie de terre.
» L'artillerie de la marine.
» Le génie militaire.
    Le génie maritime.
    La marine militaire.
» Le corps des ingénieurs hydrographes.
» Les ponts et chaussées.
    Les mines.
» Le corps d'état-major.
» Les poudres et salpêtres.
» Les lignes télégraphiques.
    L'administration des tabacs.

» Enfin, pour les autres services publics qui exigent des connaissances étendues dans les sciences mathématiques, physiques et chimiques.

Nous verrons que l'article 1er n'est pas complet, et qu'il faut ajouter à cette longue énumération :

1° Le corps du commissariat de la marine ;
2° L'école des eaux et forêts ;
3° Les corps militaires de l'armée de terre ou de mer autres que ceux indiqués à l'article 1er.

« Art. 2. Nul élève ne peut être admis dans un des services publics énumérés à l'article précédent, qu'après avoir satisfait aux examens de sortie de l'école, et avoir été jugé admissible dans ce service par le jury institué à l'article 60 ci-après.»

Nous avons dit précédemment ce que nous pensions des délégués des services publics.

L'accomplissement de ces conditions ne suffit pas pour constituer un droit à l'admission dans un service : l'admission est
toujours subordonnée au nombre des places disponibles au
moment de la sortie de l'école, et au rang occupé par l'élève sur
la liste par ordre de mérite du classement de sortie, ainsi qu'il
est spécifié à l'article 67 du présent décret.»

En fait, les élèves sont toujours admis à l'école d'application de
l'artillerie et du génie, et d'ailleurs ils ont toujours *le droit* d'être
nommés sous-lieutenants dans les corps de troupes de l'armée de
terre ou de mer.

Les seuls élèves qui ne soient pas placés dans les services
publics sont ceux dont l'incapacité est *reconnue* par trop grande
(ce qui arrive rarement), ou ceux qui ne veulent pas accepter une
position militaire.

Art. 3. L'école polytechnique est placée dans les attributions
du ministre de la guerre. »

Malgré cela les places militaires y sont fort peu en honneur.

Art. 4. Chaque année le ministre de la guerre détermine le
nombre d'élèves à admettre à l'école ; ce nombre peut dépasser
d'un dixième le chiffre présumé des emplois dans les services
publics qu'il sera possible de donner à ces élèves, lors de leur
sortie de l'école.»

Nous nous sommes expliqué plus haut à ce sujet.

TITRE 2.

Art. 8. Nul n'est admis à l'école polytechnique que par voie
de concours.

Le concours est public et a lieu tous les ans.

Le ministre de la guerre en détermine les règles, après
avoir pris l'avis du conseil de perfectionnement institué par
l'article 37 ci-après.

» Art. 9. Les examinateurs d'admission sont nommés par le
ministre de la guerre pour une période de trois années, après

laquelle ils peuvent être renommés. Sur sa demande, le conseil de perfectionnement doit, chaque fois qu'il y a lieu de nommer à l'un de ces emplois, présenter deux candidats après avoir consulté le conseil d'instruction, conformément à ce qui est réglé au troisième paragraphe des articles 23 et 34 ci-après.

» Les examinateurs d'admission ne doivent participer à des exercices qui ont pour but de préparer des jeunes gens au concours d'admission, ni publier aucun ouvrage sur les matières de l'examen.»

Ne serait-il pas plus simple et plus juste d'ouvrir un concours pour les places de professeurs dans toutes nos écoles supérieures ?

« Art. 10. Nul ne peut concourir pour l'admission à l'école polytechnique s'il n'a préalablement justifié :

» 1° Qu'il est français ou naturalisé français; 2° qu'il a été vacciné ou qu'il a eu la petite vérole ; 3° qu'il a eu plus de 16 ans et moins de 20 ans au 1er janvier de l'année du concours.

» Toutefois, les sous-officiers, les caporaux ou brigadiers et les soldats des corps de l'armée, âgés de plus de 20 ans et qui justifient deux ans de service effectif et réel sous les drapeaux au 1er janvier qui suit l'époque du concours, peuvent concourir, pourvu qu'ils n'aient pas dépassé l'âge de 25 ans.

» Pour obtenir l'autorisation de concourir, ces militaires doivent produire des certificats des conseils d'administration des corps, constatant la durée de leur service, ainsi qu'un certificat de bonne conduite.

» Aucune dispense d'âge ou de temps de service ne peut-être accordée.

» Les militaires admis à concourir après l'âge de 20 ans *ne peuvent*, à leur sortie de l'école, *être placés que dans les services militaires.*

» Art. 15. Un certain nombre d'étrangers peuvent être admis à suivre les cours de l'école comme auditeurs externes. Aucun ne peut être admis comme élève interne.

Ces étrangers ne seront admis qu'après examen constatant leur aptitude à suivre les cours.»

Nous avons déjà dit ce que nous pensions de cette mesure, et des facilités que rencontrent chez nous les étrangers. Il est temps d'ailleurs que nous arrivions au principe des cours gratuits et des concours.

TITRE 3.

SECTION Ire

Personnel du Commandement.

« Art. 16. Le personnel du commandement se compose de : un officier général commandant ; un colonel ou lieutenant-colonel, commandant en second ; six capitaines inspecteurs des études ; six adjudants.

» Art. 17 Le commandant de l'école et le commandant en second sont nommés par le chef de l'Etat, sur la proposition du ministre de la guerre.

» Le commandant en second est choisi parmi les *anciens élèves* dans les corps militaires qui s'alimentent à l'école.

» Les capitaines et les adjudants sont nommés par le ministre de la guerre.

» Les capitaines sont choisis parmi les *anciens élèves de l'école* faisant partie des corps de l'armée. Les adjudants sont choisis parmi les sous-officiers de l'armée, et de préférence parmi ceux qui sont proposés pour l'avancement.

» Art. 18. L'autorité du commandant de l'école s'étend sur toutes les parties du service et sur tout le personnel militaire enseignant ou administratif. Il est spécialement chargé d'assurer l'exécution des règlements, ainsi que le maintien de l'ordre et de la discipline.

» Il a la présidence des conseils de perfectionnement, d'instruction et d'administration.

» Il correspond directement avec le ministre de la guerre. Il n'a pas d'aide de camp.

» Art. 19. Le commandant en second exerce, sous l'autorité du commandant, une surveillance journalière en ce qui concerne la police et la discipline.

» Il est membre de tous les conseils. En cas d'absence ou de maladie du général commandant, le commandant en second le remplace dans toutes ses fonctions, excepté dans la présidence du conseil de perfectionnement.

» Art. 20. Les attributions des capitaines et des adjudants sont déterminées par le règlement intérieur de l'école, arrêté par le ministre de la guerre.

SECTION 2.

Personnel de l'enseignement.

» Art. 21. Le personnel de l'enseignement se compose de : un directeur des études, deux professeurs d'analyse; deux professeurs de mécanique et de machines, un professeur de géométrie descriptive, deux professeurs de physique, deux professeurs de chimie, un professeur de géodésie et d'astronomie, un professeur d'architecture et de travaux publics, un professeur d'art militaire et de fortications désigné parmi les officiers d'armes spéciales, un professeur de composition et de littérature française, un professeur de langue allemande, un professeur d'histoire, un chef des travaux graphiques, de géométrie descriptive, de topographie et de fortifications, deux répétiteurs d'analyse, deux répétiteurs de mécanique et de machines, un répétiteur de géométrie descriptive, deux répétiteurs de chimie, un répétiteur de géodésie et d'astronomie, un répétiteur d'architecture et de travaux publics, un répétiteur d'art militaire et de fortifications, désigné parmi les officiers d'armes spéciales, un répétiteur de composition et de littérature française, un répétiteur de langue allemande, un maître de dessin de machines, trois maîtres pour le dessin de la figure et du paysage; cinq examinateurs des élèves, savoir : un pour l'analyse un pour la mécanique et les machines, un pour la géométrie descriptive, la géodésie, l'astronomie, un pour la physique, un pour la chimie.

Il peut être, en outre, attaché un répétiteur adjoint à ceux des cours pour lesquels cette mesure serait reconnue nécessaire par une délibération du conseil de perfectionnement.»

Nous parlerons plus loin de cet article et des connaissances que l'on peut acquérir à l'école polytechnique.

Art. 22. Le directeur des études est nommé par le chef de l'État, sur la proposition du ministre de la guerre, et choisi sur une liste de deux candidats présentés, à cet effet, par le conseil de perfectionnement.

Art 23. Les examinateurs des élèves et les professeurs sont nommés par le chef de l'état sur la proposition du ministre de la guerre.

Le chef des travaux graphiques est nommé par le ministre. Chaque année, le ministre nomme les répétiteurs, les répétiteurs adjoints et les maîtres.

» Sur sa demande, le conseil de perfectionnement doit, chaque fois qu'il y a lieu de nommer à l'un des emplois indiqués aux trois paragraphes ci-dessus, présenter deux candidats, après avoir consulté le conseil d'instruction, conformément à ce qui est réglé au troisième paragraphe de l'article 34 ci-après.

» Le ministre de la guerre détermine les conditions auxquelles doivent satisfaire les personnes qui se présenteront comme candidats.

» Art. 24. Le directeur des études a sous sa surveillance spéciale tous les détails de l'instruction. Il est chargé, sous l'autorité du commandant de l'école, d'assurer l'exécution des programmes d'enseignement et de tous les règlements relatifs aux études.

» Il est membre de tous les conseils de l'école et remplit dans le conseil de perfectionnement, les fonctions de secrétaire.

» Art. 25. Les examinateurs des élèves sont chargés des examens à la suite desquels s'établissent, à la fin de chaque année scolaire, les listes de classement pour le passage de la division inférieure à la division supérieure et pour l'admission dans les services publics.

» Ils se tiennent an courant , durant l'année, de l'état de l'enseignement de l'école,en ce qui se rapporte aux matières des examens dont ils sont chargés, et ils consignent les observations et propositions qu'ils ont à faire pour l'amélioration de cette partie de l'instruction, dans des rapports qu'ils remettent au directeur des études et qui sont ultérieurement soumis au conseil de perfectionnement.

TITRE 4.

Instruction.

» Art. 32. La durée des cours d'études à l'école polytechnique est de deux ans. Un élève ne peut être autorisé à passer une troisième année à l'école que par une décision du ministre de la guerre, rendue sur la proposition de celui des jurys chargé, conformément à l'art. 60 ci-après, du classement de la division dont cet élève fait partie, et dans le cas seulement où, par suite d'une maladie qui aurait occasionné une suspension de travail, il n'aurait pas été en mesure de satisfaire aux examens de première ou de deuxième année. Aucun élève ne peut être autorisé à passer plus de trois ans à l'école. Sauf le cas prévu au dernier paragraphe de l'art. 48 ci-après, l'élève qui a cessé de faire partie de l'école, peut y être réadmis, mais seulement par voie de concours et s'il remplit encore les conditions d'admission.

» Art. 33. Les élèves sont répartis en deux divisions ; l'une composée des élèves nouvellement admis,l'autre de ceux qui ont terminé leur première année d'études.

» Art. 34. Un conseil d'instruction donne son avis sur toutes les questions qui sont déférées à son examen touchant l'enseignement de l'école et les études des élèves.

» Au moins une fois par année, à l'époque où il est convoqué à cet effet, il soumet au conseil de perfectionnement ses vues sur les améliorations qu'il peut y avoir lieu de réaliser dans le système des études, dans les programmes d'admission et dans ceux de l'enseignement intérieur, et, en général, sur tout ce qui peut influencer sur les progrès de l'instruction des élèves. Il est consulté chaque fois que le conseil de perfectionnement est chargé de présenter des candidats pour la nomination aux emplois d'examinateur des élèves, d'examinateur d'admission, de professeur, de répétiteur et de maître. Il est, de même, consulté chaque fois que le conseil d'administration doit présenter des candidats pour les emplois de conservateur des collections scientifiques.

» Dans l'un et l'autre cas, la liste des candidats est d'abord soumise au conseil d'instruction par le général commandant. Le conseil désigne, autant que possible, sur cette liste, les deux candidats qui lui paraissent mériter la préférence.

» Après cette opération, la même liste de candidats est soumise par le général aux délibérations du conseil de perfectionnement ou du conseil d'administration, qui désigne autant que possible, deux candidats définitifs, sans être lié par les choix du conseil d'instruction.

» Si, dans le cours de ces opérations, il surgit une nouvelle candidature, la délibération est suspendue, et il est rendu compte au ministre, qui statue.

» Le conseil d'instruction se réunit, quand il est nécessaire, sur la convocation du général commandant l'école.

» Art. 35. Le conseil d'instruction est composé ainsi qu'il suit : le commandant de l'école, président, le commandant en second, le directeur des études, les examinateurs des élèves, les professeurs ; deux des capitaines inspecteurs des études, désignés annuellement par le commandant de l'école, remplissent les fonctions de secrétaire et de secrétaire-adjoint du conseil avec voix délibérative. Dans les délibérations où il s'agit de questions se rapportant à l'admission des élèves à l'école, les examinateurs d'admission siègent au conseil, avec voix délibérative.

» Art. 36. Un conseil de perfectionnement est chargé de la haute direction de l'enseignement de l'école, et de son amélioration dans l'intérêt des services publics. Il coordonne cet enseignement avec celui des écoles d'application ; il arrête les programmes des examens et ceux de l'enseignement, et règle l'emploi du temps des élèves. Il soumet ses propositions au ministre de la guerre, auquel il fait annuellement un rapport sur l'instruction de l'école et sur ses résultats.

» Chaque année, il se réunit après les examens ; il s'assemble, en outre, toutes les fois que le ministre de la guerre le juge nécessaire.

» Art. 37. Le conseil de perfectionnement est composé ainsi qu'il suit: le commandant de l'école, président ; le commandant en second, le directeur des études, deux délégués du département des travaux publics, deux délégués du département de la marine, un délégué du département de l'intérieur ou du département des finances, trois délégués du département de la guerre, deux membres de l'académie des sciences, deux examinateurs des élèves, trois professeurs de l'école.

» Les délégués des départements ministériels sont respectivement désignés par les ministres de ces départements.

» Les deux membres de l'académie des sciences, les deux examinateurs des élèves et les trois professeurs sont choisis par le ministre de la guerre.

» Les membres amovibles du conseil de perfectionnement ne sont nommés que pour un an ; ils peuvent être renommés. Le ministre de la guerre désigne un des membres du conseil de perfectionnement pour présider ce conseil en l'absence du commandant de l'école.

» Les fonctions de secrétaire sont remplies par le directeur des études.

» Le conseil est constitué tous les ans à la reprise des études.

» Art. 38. Les conseils d'instruction et de perfectionnement ne peuvent délibérer qu'autant que la moitié plus un des membres sont présents.

» Dans l'un et l'autre conseil en cas de partage égal des voix, celle du président est prépondérante.

Art. 39. Lorsque, conformément aux art. 9, 22 et 23 ci-dessus, le conseil de perfectionnement a des candidats à présenter, il procède au scrutin secret. »

Pour nous qui demandons au concours la nomination aux places de professeurs, nous ne pouvons admettre ce mode de procéder au scrutin secret.

« Il n'y a présentation qu'autant que les candidats réunissent la moitié plus un des suffrages exprimés.

Art. 40. Le conseil d'instruction procède de la même manière, toutes les fois qu'il y a des désignations à faire en conformité des art. 9, 23, 26 et 70 du présent décret

TITRE 5.

» Art. 41. L'école polytechique est soumise au régime militaire.

« Les élèves sont casernés et forment quatre compagnies; leur uniforme est réglé par décision ministérielle.

» Art. 42. Les chefs de salles d'études sont des élèves désignés par le commandant de l'école, d'après leur rang d'admission ou de classement. Ces élèves ont le titre et portent les insignes de sergent-major, de sergent-fourrier ou de sergent ; sous les armes ils remplissent les fonctions de ces divers grades. »

Nous avons dit plus haut ce que nous pensions de cette mesure au point de vue des études.

TITRE 6.

Passage d'une division à l'autre et sortie de l'école.

« Art. 50. Chaque année après la clôture des cours, les élèves subissent les examens. Les examens de première année d'études ont pour but de constater si les élèves peuvent être admis aux cours de la seconde année.

Les examens de la seconde année ont pour objet de déterminer quels sont les élèves admissibles dans les services publics. »

Nous avons dit qu'en fait tous les élèves étaient reconnus admissibles.

« Art. 51. Les élèves de seconde année (1re division) déclarent, dès le commencement des examens de sortie, à quel service public ils donnent la préférence, et subsidiairement dans quel ordre leur choix se porterait sur d'autres services.»

Nous avons dit l'inconvénient énorme d'un pareil système.

Les places dans les services civils sont les plus recherchées; elles exemptent en effet du service militaire et jouissent, même dans le public, d'une haute réputation : Elles passent pour d'autant plus *distinguées* que les élèves seuls de l'école polytechnique y peuvent prétendre, et constituent ce qu'on peut appeler l'aristocratie des positions gouvernementales.

Les places dans les services militaires sont alors réservées aux derniers élèves, qui cessent de travailler à l'école, dès, qu'après un ou deux classements, ils ont acquis la certitude de ne pouvoir obtenir une des premières places.

« Art. 52. Chacun des cinq examinateurs des élèves fait un examen de première division et un examen de deuxième division sur les matières spécifiées à l'article 21 du présent décret.

» Art. 53. Des délégués des services publics *qui se recrutent à l'école* sont chargés de suivre les examens de passage de la seconde à la première division et les examens de sortie, à l'effet de constater si les tendances de l'enseignement, si le caractère et l'étendue de l'instruction acquise par les élèves répondent aux besoins, aux légitimes exigences des services publics. Ces délégués sont au nombre de 10, savoir: deux de l'artillerie, deux du génie militaire, deux de la marine, deux des ponts et chaussées et deux des mines. Ils sont désignés par les ministres des départements auxquels ressortissent les services publics qu'ils ont mission de représenter.

» Art.54. Les membres des comités ou des conseils supérieurs des corps *qui se recrutent* à l'école polytechnique, les fontionaires, les officiers et les professeurs de l'école polytechnique,et des écoles d'application ont le droit d'assister aux examens subis par les élèves des deux divisions.»

Ces examens sont peut-être l'occasion d'une fête de famille où l'on s'extasie sur le mérite de l'école polytechnique. «Notre école, disent alors les membres des comités,tient tous les services existants, et elle pourra saisir ceux que l'on créerait à l'avenir. A force de répéter qu'elle est la gloire de la France, le public en est persuadé, et personne, sans passer pour un esprit malade ou jaloux, ne pourrait songer à l'attaquer. Nous sommes puissants aujourd'hui, tenons-nous unis et la puissance nous restera.»

Peut-être aussi, et je le désire, les délégués sont-ils de mon avis et se demandent-ils pourquoi l'école polytechnique alimente tant de services publics.

Quoiqu'il en soit le nombre de ces services va toujours en augmentant.

« Art. 55. Chaque délégué des services publics suit tous les examens passés par les élèves d'une même division devant le même examinateur.

» La présence du délégué ou d'un suppléant, en cas d'empêchement, est obligatoire et nécessaire à la validité de chaque examen.

» Les délégués appelés à suivre en première et en seconde division les examens d'un même examinateur, ne peuvent appartenir au même service.

» Art. 56. Les examinateurs seuls posent des questions et déterminent les points de mérite d'après lesquels s'effectue le classement. Par exception, il peut être décidé, par arrêté ministériel, que les examens sur quelques cours spéciaux d'application ou sur des matières autres que celles réparties par l'article 21, entre les cinq examinateurs des élèves seront faits par des délégués des

3

services publics ou par des hommes spéciaux chosis à cet effet.

» Art. 57. Le ministre de la guerre détermine, sur la proposition du conseil de perfectionnement, de quelle manière il est procédé aux examens, et règle les attributions respectives de l'examinateur et du délégué.

» Art. 58. Il fixe de la même manière la proportion suivant laquelle les numéros de mérite obtenus par les élèves depuis leur entrée à l'école dans chaque spécialité de l'instruction, pour chaque nature de travail et chaque genre d'épreuves entrent dans les éléments de leur classement sur les listes par ordre de mérite, pour le passage d'une division dans l'autre ou pour leur admission dans les services publics.

» Art. 59. A la clôture des examens auxquels il a assisté, chaque délégué relate dans un procès-verbal les résultats généraux de ses observations.

» En outre, il donne des notes sur chacun des élèves, et doit signaler tout élève qui ne lui paraîtrait pas réunir actuellement ou devoir réunir l'année suivante *toutes les conditions d'aptitude nécessaires au service que le délégué représente.»*

Nous plaignons sincèrement les délégués de la situation difficile dans laquelle les place cet article 59. Sur quoi en effet peuvent-ils baser leurs observations? sur les réponses des élèves, réponses qui ne peuvent avoir rien de commun avec les études spéciales des différents services publics.

Ne serait-ce pas trop oser que de demander si le délégué de la marine adresse aux élèves quelques questions spéciales?

« Art. 60. Un jury est chargé d'établir la liste de passage de la deuxième à la première division; un autre jury dresse la liste de classement dans les services publics.

» Chaque jury est composé comme il suit: le général commandant de l'école, président, le commandant en second, le directeur des études, les cinq examinateurs des élèves, quatre membres du conseil de perfectionnement désignés par ce conseil et choisis, deux parmi les membres militaires et deux parmi les membres non militaires. Font, en outre, partie de l'un ou de l'autre jury les cinq délégués des services publics ayant suivi les examens de la division.

» Art. 61. Les jurys excluent de la liste de passage en première division et de la liste de sortie les élèves qui n'auraient pas satisfait à toutes les conditions exigées par les réglements. Ces élèves sont rayés des contrôles de l'école, à moins qu'il ne soient dans le cas de doubler une des deux années d'études par application de l'article 32 du présent décret.

» Art. 62. Le jury de classement des élèves de la première division prononce sur l'admissibilité dans un, dans plusieurs ou dans la totalité des services publics, des élèves de la première division qui auraient été désignés par un ou par plusieurs délégués comme ne réunissant pas toutes les conditions d'aptitude nécessaires. Dans aucun cas, les élèves reconnus impropres aux services militaires ne peuvent être classés dans ces services.»

Je comprends à la rigueur que les délégués puissent reconnaître l'inaptitude d'un élève à entrer dans une carrière militaire ; mais cette question d'incapacité physique ne serait-elle pas plutôt de la compétence des chirurgiens ?

» Art. 63. Les élèves de la première division déclarés par le jury inadmissibles dans les services publics, pour défaut d'instruction, ne sont point portés sur les listes de sortie déterminant le classement dans les divers services.

» Tous les élèves qui satisfont aux conditions des examens et qui n'entrent pas dans les services publics, soit parce qu'ils n'ont pu obtenir le service qu'ils désiraient, soit parce qu'ils n'ont demandé aucun service, seront portés à leur rang sur la liste de classement.

» Il est délivré, sur leur demande, un certificat de capacité à ceux des élèves qui auraient satisfait aux conditions de sortie et qui n'entreraient pas dans les services publics.

» Art. 64. Les jugements rendus par le jury et portant exclusion de la liste de passage en première division ou de la liste de sortie sont définitifs et ne peuvent être modifiés.

« Art. 65 Les listes de classement par ordre de mérite étant établies, les élèves portés sur la liste de sortie sont répartis dans les divers services jusqu'à concurrence des places disponibles; ils sont désignés, suivant leur rang, pour le service qu'ils ont demandé en première ligne, ou, à défaut de place dans ce service, pour celui qu'à titre subsidiaire ils ont indiqué immédiatement à la suite dans la déclaration spécifiée à l'article 51.

» Art. 66. Avant la clôture définitive des opérations du jury, chacun des examinateurs présente au jury un rapport détaillé sur l'ensemble des examens subis devant lui par les élèves de chaque division.

» Les rapports des examinateurs, ainsi que les observations qu'ils ont pu suggérer aux délégués des services publics et aux autres membres du jury, sont transmis au conseil de perfectionnement et au ministre de la guerre.

» Art. 67. Les élèves admissibles dans les services publics qui, faute de places, n'ont pu être désignés pour l'un des services énumérés à l'article 1er du présent décret, sont susceptibles, conformément aux articles 3 et 25 de la loi du 14 avril 1832, d'être nommés *sous-lieutenants dans les corps de l'armée de terre ou de mer autres que ceux indiqués audit article 1er.*

» Ces élèves peuvent être reçus à l'école forestière; ils peuvent également être admis à suivre les cours oraux d'une des écoles civiles d'application. »

Nous dirons plus loin ce que nous pensons de ces dispositions.

Si l'on a eu la patience de lire cette longue énumération d'ordonnances et de décrets, on aura vu que l'école polytechnique a été réorganisée bien des fois : espérons que la prochaine loi s'occupant de cette école, énoncera le principe de sa supression, tout en sauvegardant les intérêts des élèves actuellement admis.

II. Enseignement donné à l'école polytechnique.

En attendant qu'une assemblée législative fasse une loi dans l'esprit que j'indique, voyons quelles sont les connaissances que les élèves peuvent acquérir à l'école polytechnique.

Le dernier décret de réorganisation, celui du 30 novembre 1863 indique les cours suivants :

1° Analyse, — 2° mécanique, — 3° machines, — 4° géométrie descriptive, 5° physique, — 6° chimie, — 7° géodésie, — 8° astronomie, — 9° architecture et travaux publics, — 10° art militaire et fortifications, — 11° littérature française, — 12° langue allemande, — 13° histoire, — 14° travaux graphiques, — 15° topographie, — 16° dessin de machines, — 17° dessin de figure. — 18° dessin de paysage.

Il est certain que le cours d'architecture et de travaux publics ne peut être que tout à fait élémentaire.

L'architecture est un art que l'on enseigne à l'école des beaux-arts et qui demande des études spéciales et étendues.

Les travaux publics font partie des études données dans les écoles spéciales existantes.

Le cours d'art militaire et de fortification est également très-élémentaire ; cette étude étant seulement nécessaire aux jeunes gens qui embrassent les carrières militaires, n'a été évidemment introduite à l'école polytechnique que pour faire supposer que les élèves sont capables d'entrer dans *tous les corps des armées de terre et de mer.*

En admettant ces observations, on voit que tous les autres cours de l'école polytechnique peuvent être faits dans les facultés et les grands colléges, ce qui répandra l'instruction supérieure et permettra aux futurs candidats aux écoles du gouvernement de faire toutes leurs études près de chez eux jusqu'au moment de l'entrée dans les diverses écoles spéciales.

La gratuité de tous les cours, la suppression de la limite d'âge, la suppression de la nécessité du baccalauréat pour l'admission aux écoles, le concours pour les places du gouvernement ne peuvent manquer d'attirer dans toutes nos écoles des intelligences de tout âge désireuses d'apprendre.

Puisque nous parlons de l'instruction, remarquons avec chagrin l'ignorance des langues vivantes dans laquelle nous vivons.

Ce n'est pas le moment de traiter à fond l'importante question de l'instruction publique ; mais signalons le faible coëfficient donné aux langues vivantes dans toutes les écoles.

Les élèves s'appliquent en général à l'étude des mathématiques, et négligent toutes les autres.

Il y a certainement tout un système à appliquer pour amener les jeunes gens à l'étude des langues ; mais en voici un qui donnera des résultats immédiats pour les écoles spéciales ; c'est de déclarer que tel ou tel examen sera passé en langue allemande ou anglaise, l'examen d'histoire par exemple.

Ce système est employé dans certaines écoles spéciales d'Angleterre, et réussit parfaitement.

III. Etude des différents services publics alimentés par l'école polytechnique.

Ces services sont aujourd'hui :

1° L'artillerie de terre,
2° L'artillerie de marine,
3° Le génie militaire,
4° Le génie maritime,
5° La marine militaire,

6º Le corps des ingénieurs hydrographes,

7º Les ponts et chaussées,

8º Les mines,

9º Le corps d'état-major,

10º L'administration des poudres et salpêtres,

11º L'administration des tabacs,

12º L'administration des télégraphes,

13º Le commissariat de la marine,

14º L'école des eaux et forêts,

15º Les corps de l'armée de terre et de l'armée de mer autres que ceux mentionnés précédemment,

16º Les autres services publics qui exigeraient des connaissances étendues dans les sciences mathématiques, physiques et chimiques, et qui pourraient être ajoutés *par décrets* aux services ci-dessus spécifiés (instruction ministérielle du 3 décembre 1867).

Nous étudierons successivement chacun de ces nombreux services au double point de vue de la diffusion de l'instruction et de l'intérêt même du service, et nous chercherons à faire passer dans l'esprit de nos lecteurs la conviction profonde que nous avons de l'urgence de la mesure radicale proposée.

Mais nous supplions encore une fois le lecteur de ne voir dans ces lignes qu'une étude consciencieuse et nullement le résultat d'un esprit de dénigrement systématique ou d'envie contre tels ou tels corps, telles ou telles individualités.

1º Artillerie de terre. — 2º Artillerie de marine. — 3º Génie militaire.

Les élèves de l'école polytechnique reconnus admissibles dans ces trois services, passent par l'école d'application de l'artillerie et du génie : c'est donc cette école qu'il nous faut étudier.

Ecole d'application de l'artillerie et du génie,

Nous étudierons un peu longuement cette école, car, pour nous, elle a une importance capitale ; et nos désastres nous forcent aujourd'hui à la reconstituer entièrement, le local même de l'école étant devenu la proie de nos ennemis.

Elle fut créée par l'arrêté du 12 vendémiaire an XI qui réunit en une seule, les deux écoles existantes, celle de Châlons destinée à l'artillerie, et celle de Metz destinée au génie militaire.

Cet arrêté a en vue, avec juste raison, l'instruction pratique des élèves.

« Art. 4. Il sera attaché au service de l'école, deux compagnies de canonniers à pied, une de sapeurs et une de mineurs.

» Art. 5. Les élèves nouvellement reçus seront incorporés pendant la première année dans les deux compagnies de canonniers, et pendant la seconde, ils serviront six mois dans chacune des deux autres.

» Ils suivront l'instruction de ces quatre compagnies et s'exerceront au moins deux fois par semaine, avec elles, au maniement des armes, à la manœuvre des bouches à feu, aux manœuvres de force, aux constructions de batteries, sapes, mines, à la confection des artifices, etc., à toutes les choses qui doivent être l'objet de l'instruction des soldats d'artillerie et du génie.

» Art. 16. Dans les six derniers mois de la résidence à l'école les élèves seront admis à remplir les emplois affectés à chaque grade. Ils devront rester au moins un mois dans chacun des grades de caporal, sergent, sergent-major: pendant tout ce temps, ils en porteront les marques distinctives.»

Ces principes sont fort justes. Il faut absolument que les officiers sortant des écoles, sachent parfaitement *le métier*. A l'école de l'artillerie et du génie, il faut que les élèves sachent manier la pelle et la pioche, confectionner les munitions, et faire les légères réparations aux pièces d'artillerie, caissons, prolonges, etc. La théorie ne doit jamais faire négliger la pratique.

» Art. 17. Les élèves, en arrivant à l'école, auront le grade et le rang de sous-lieutenants.»

A cette époque déjà, on reconnaissait un grade aux élèves de cette école. Je suis tout à fait opposé à cette mesure. J'aime assez que les écoles ne renferment que des *élèves*.

Je ferai cependant une exception en faveur de l'école d'état-major; mais aussi, d'après le système que j'exposerai, cette école ne renfermera que de véritables *officiers* ayant déjà un certain temps de service.

« Art. 18. Les premiers inspecteurs de l'artillerie et du génie seront chargés de désigner, parmi les officiers de leurs armes respectives, ceux auxquels il serait utile de permettre de servir pendant un certain temps, à la suite de l'école, pour perfectionner leur instruction.»

Cette mesure qui est encore en vigueur est-elle bonne? Les officiers qui ont un certain temps de grade ne reculeront-ils pas devant une semblable demande; ensuite si la mesure est bonne ne faudrait-il pas l'appliquer à tous ?

Pour moi, j'ai demandé seulement (dans mon projet de réforme de l'armée) une mesure plus facile, et qui, je crois, produirait d'excellents résultats :

Un journal à bon marché, traitant de toutes les matières intéressant l'art militaire, les expériences d'artillerie faites en France et à l'étranger, les programmes d'examens, les cours militaires, etc., sera répandu parmi les officiers et les sous-officiers.

« Art. 19. L'enseignement, les travaux et les exercices ont pour objet :

» 1° L'exécution de toutes les bouches à feu ;

» 2° Les manœuvres et constructions d'artillerie de toute espèce ;

» 3° La formation et la conduite des équipages de campagne, de siège et de ponts ;

» 4° Les manœuvres de l'infanterie et de la cavalerie, ainsi que leur service dans les camps et dans les places ;

» 5° L'art du tracé et de la construction des places ;

» 6° L'art de l'attaque et de la défense des places ;

» 7° Le tracé et la construction des ouvrages de campagne ;

» 8° L'art du mineur considéré dans les rapports offensifs et défensifs ;

» 9° L'art de lever les plans et dessiner la carte ;

» 10° Le service des officiers du génie, en temps de guerre et en temps de paix ;

» 11° Le service de l'artillerie aux armées, dans les parcs, dans les places, les arsenaux, sur les vaisseaux, et dans tous les établissements quelconques ;

» 12° L'administration et la comptabilité de l'artillerie et du génie, dans les armées et dans les places, ainsi que celle des troupes.»

On voit d'après l'article 19, que les études étaient communes aux deux armes. Nous ne voyons pas, en effet, pourquoi l'on forme deux corps distincts de l'artillerie et du génie. L'art de l'attaque et celui de la défense sont tellement liés qu'on ne saurait les séparer sans désavantage. De plus si l'on adoptait l'idée d'un seul corps, on éviterait bien des malentendus et bien des froissements qui nuisent d'une façon déplorable au service.

Nous n'examinerons pas toutes les ordonnances et tous les décrets qui se sont occupés de l'école d'application de l'artillerie et du génie ; nous indiquerons simplement les articles importants du dernier règlement de l'école, qui porte la date du 14 août 1867.

TITRE 1er

Institution de l'école.

« Art. 1er L'école d'application de l'artillerie et du génie, est instituée pour donner aux élèves provenant de l'école polytechnique, jugés aptes à servir dans les armes de l'artillerie et du génie, l'instruction spéciale propre à ces deux armes.

TITRE 4.

« Art. 29. Les élèves de l'école polytechnique admis à l'école d'application et *nommés sous-lieutenants*, sont pourvus de *l'emploi de sous-lieutenant élève*. Leur ancienneté de grade date du jour fixé par le décret de nomination; ils prennent rang entre eux d'après le numéro de mérite qu'ils ont obtenu aux examens de sortie de l'école polytechnique.

» Art. 30. Lorsque des élèves sont envoyés à l'école d'application avant d'avoir accompli à l'école polytechnique les deux années exigées par la loi, ces élèves ne sont nommés sous-lieutenants qu'après l'expiration du temps voulu. Leur qualification est celle d'élève de l'artillerie et du génie, et ils continuent à porter l'uniforme de l'école polytechnique.

» Art. 32. Les élèves restent deux ans à l'école d'application; ils sont classés en deux divisions.

TITRE 6.

Instruction.

» Art. 39. L'instruction qui est donnée aux élèves de l'école d'application comprend :
» 1° L'instruction commune aux deux armes,
» 2° L'instruction spéciale pour l'artillerie,
» 3° L'instruction spéciale pour le génie.

» Art. 40. L'instruction commune aux deux armes a pour objet :
» 1° L'étude des réglements militaires, les manœuvres d'infanterie, de cavalerie et d'artillerie ;
» 2° L'étude de l'artillerie ;
» 3° L'art militaire, la fortification passagère, l'administration et la législation militaires;

» 4° La fortification permanente, l'attaque et la défense des places ;

» 5° La topographie ;

» 6° L'application des sciences physiques et chimiques aux arts militaires;

» 7° L'application de la mécanique aux machines ;

» 8° L'architecture et les constructions militaires ;

» 9° La langue allemande ;

» 10° L'hippiatrique et l'équitation ;

» 11° Les travaux pratiques des deux armes, l'escrime et la natation.

» Art. 41. L'instruction spéciale pour les élèves de l'artillerie comprend :

» 1° Des théories sur les manœuvres à pied et à cheval de l'artillerie et le service des bouches à feu ;

» 2° Le levé et le tracé des bouches à feu, des affûts et des voitures ;

» 3° Des projets de bouches à feu.

» Art. 42. L'instruction spéciale pour les élèves du génie comprend :

» 1° Les théories d'infanterie ;

» 2° Une étude détaillée de fortification permanente en terrain varié ;

» 3° L'étude de l'amélioration d'une place de guerre existante ;

» 4° L'exécution des opérations trigonométriques.

TITRE 7.

Examens des sous-lieutenants élèves.

» Art. 43. Il est formé chaque année un jury pour procéder aux examens des élèves des deux divisions de l'école ; ce jury est composé de sept membres, savoir : un général de division pris alternativement parmi ceux qui sont attachés à l'un ou à l'autre corps, président ;

» Un général de brigade attaché au service de l'artillerie :

» Un général de brigade attaché au service du génie ;

» Deux officiers supérieurs d'artillerie, examinateurs,

» Deux officiers supérieurs du génie, examinateurs.

» Art. 44. Les membres du jury sont désignés chaque année par le ministre.

» Les officiers supérieurs chargés des fonctions d'examinateurs sont pris sur les listes présentées par les comités de l'artillerie et des fortifications.

» Les officiers attachés à l'école, ne peuvent faire partie du jury.

» Art. 48. Lorsque les examens sont terminés, le jury procède pour les deux divisions au classement des élèves des deux années.

» Art. 52. Les sous-lieutenants qui, d'après la décision du jury, n'ont pas satisfait aux examens de sortie de l'école, sont mis en non-activité par suspension d'emploi, et laissés à la disposition du ministre de la guerre.

» Il en est de même des sous-lieutenants élèves de la 2me division qui, d'après la décision du jury et deux années de suite, auront été reconnus incapables de passer en 1re division.»

C'est là un des inconvénients du système des officiers élèves. Que pourra faire le ministre de ces jeunes gens qui *sont* officiers, et qui ne sont pas capables d'être nommés lieutenants d'artillerie ou du génie ?

Dans le système, au contraire, que nous présentons, les élèves incapables seront renvoyés ; le temps passé à l'école leur comptera comme temps de service, et ils pourront passer les examens de sous-officier d'artillerie.

« Art. 53. Indépendamment des opérations relatives aux examens, le jury, après avoir pris connaissance des procès-verbaux des séances des conseils qui ont eu lieu depuis la dernièrs inspection générale, consigne dans son rapport toutes les observations qu'il croit devoir faire sur l'enseignement et la discipline de l'école.

» Art. 62. Les programmes des cours et les instructions sur les différents travaux, sont imprimés ou lithographiés et distribués gratuitement aux officiers de l'état-major, aux professeurs et aux élèves de l'école d'application.»

Je voudrais, au contraire, que tous ces cours parussent dans un journal militaire répandu dans les régiments.

» Art. 64. Le ministre de la guerre peut autoriser, sur leur demande, les officiers de l'artillerie et du génie qui n'ont pas passé par l'école d'application, à participer à l'instruction qui se donne à cette école.

» Un réglement particulier détermine les conditions de cette autorisation.»

Dans notre programme d'organisation de l'armée, nous avons dit :

« L'artillerie et le génie militaire formeront un seul corps. A chaque division sera attaché un corps d'artillerie commandé par un colonel et formé d'un certain nombre de batteries d'artillerie (à raison de 4 pièces par 1000 hommes), de compagnies de sapeurs, de pontonniers, d'artificiers, etc. Cette réunion formera l'unité, c'est-à-dire le régiment d'artillerie,»

Et en traitant le sujet des écoles militaires :

« Une école d'artillerie sera créée dans une ville possédant une fonderie de canons. Un polygone sera attaché à l'école. Les essais et expériences d'artillerie se feront à ce polygone. La durée des études sera de trois années ; après la 3me année, les élèves seront envoyés dans les camps, passer leurs examens concurremment avec les sous-officiers de l'arme.»

Je voudrais que l'école d'artillerie fut située dans une ville ou près d'une ville possédant une fonderie de canons, afin que les élèves pussent suivre tous les détails de la fabrication des bouches à feu; mais il faut avant tout que l'école possède un polygone, et c'est l'endroit où l'on pourra installer un polygone assez vaste qui devra être choisi pour l'établissement de l'école.

C'est à ce polygone que se feront toutes les expériences, afin que les élèves soient toujours tenus au courant des inventions et des perfectionnements.

Les places de professeurs à l'école seront données au concours. Les officiers seront alors considérés comme en mission ; ils seront soumis comme tous au concours pour l'avancement ; mais ils ne pourront obtenir à l'école qu'un seul grade.

J'indique trois années comme durée des études, d'abord parce que les élèves devront étudier à fond les deux services de l'artillerie et du génie, et qu'ensuite ils devront suivre les différents travaux qui se font dans les établissements militaires, tels que les arsenaux, les manufactures d'armes, les forges, les fonderies, la fabrication des poudres, les capsuleries, etc. Après chacune des visites à ces établissements, visites qui devront durer plusieurs jours, les élèves feront des rapports qui seront mis à leur dossier et qui serviront au classement définitif.

Les études d'artillerie à l'école porteront aussi bien sur l'artillerie de la marine que sur l'artillerie de terre. Il y a, je crois, de graves inconvénients à ce que l'artillerie de terre ne connaisse pas tous les travaux récents de l'artillerie de marine ; et pendant le siége de Paris, nous avons cru remarquer que les officiers d'artillerie avaient peu de confiance dans les pièces de la flotte.

Or, ces pièces faisaient presque toutes parties du vieux matériel naval, et cependant je crois qu'elles ont rendu de grands services à la défense de la place.

Je sais bien que cette opinion n'est pas admise par tout le monde ; car, un des généraux d'artillerie de l'armée de Paris fit paraître une brochure dans laquelle nous trouvons ces lignes :

« Dussé-je scandaliser quelques personnes croyantes, j'oserai dire que, si Paris venait à être pris par la force des armes, sa chûte aurait été causée en partie parce qu'il aura possédé dès les premiers jours une centaine de canons à longue portée et par l'abus qu'on a fait de leur tir à grande distance et en éventail.»

C'est probablement pour éviter la longue portée des pièces de remparts, que les canons de 24 rayés de la guerre qui peuvent lancer des projectiles à cinq mille mètres étaient placés sur des affûts qui limitaient leur tir à 2400 mètres.

J'avoue être une des personnes croyantes dont parle le général, et je crois que le calibre et la portée sont des éléments qu'il faudra toujours chercher à augmenter dans les pièces de remparts.

D'ailleurs, en lisant cette brochure, remarquable et juste à plus d'un titre (1), je me suis demandé si l'auteur ne se laissait pas entraîner par un petit mouvement de mauvaise humeur contre la marine qui a su faire pendant la dernière guerre à Paris son devoir sans faire son métier.

Or, les marins n'ont jamais eu aucun sentiment d'envie contre leurs camarades de l'armée de terre, et ils ne conseilleront jamais aux officiers d'artillerie « *de se jeter au barreau, dans la flotte ou dans le génie civil* » ; mais il diront que si « *les matelots ont une grande habileté à envoyer un boulet* », cela tient à la parfaite organisation de l'école des canonniers où les exercices sont nombreux et bien dirigés.

C'est cette raison qui me fait demander l'instruction de l'armée dans des camps, et des exercices fréquents pour les simples artilleurs aussi bien que pour les élèves de l'école d'application.

Voici donc comment je comprendrais le projet de loi organisant l'école d'artillerie :

Art. 1er. L'école polytechnique étant supprimée, et les deux corps de l'artillerie et du génie n'en formant plus qu'un seul, un

(1) *L'Artillerie avant et depuis la guerre*, par M. le général Susane. Paris, Hetzel et Cie., 1871.

concours direct aura lieu chaque année pour l'admission à l'école d'artillerie :

De cette façon, il n'y aura à se présenter à cette école que les jeunes gens se destinant à la carrière militaire, au lieu qu'aujourd'hui les élèves de l'école polytechnique n'acceptent l'artillerie que comme un pis-aller.

Art. 2. Une commission présidée par un général, et composée d'officiers d'artillerie, d'officiers du génie et de professeurs de l'université, dressera le programme des examens d'entrée à l'école.

Ce programme sera adressé au ministre de l'instruction publique après avoir été approuvé par le ministre de la guerre ; il ne comprendra aucune étude militaire.

L'examen d'histoire sera passé en langue allemande ; de plus une composition d'allemand sera faite sans dictionnaire sur un sujet donné.

L'école d'artillerie étant destinée à donner aux élèves l'instruction spéciale, on ne doit exiger d'eux, à l'entrée, que les connaissances qui permettent de l'acquérir.

J'insiste sur la connaissance de la langue allemande qui est indispensable à notre armée.

Art. 3. L'école d'artillerie sera installée à ***. Un vaste polygone sera établi près de l'école. Il renfermera au moins un échantillon de toutes les pièces existantes, pièces de la guerre et pièces de la marine. Les expériences des pièces nouvelles et à l'essai, et de toutes les découvertes qui intéressent les armes à feu, les mines, etc., seront faites autant que possible, à ce polygone.

Art. 4. L'école d'artillerie sera gratuite. Les élèves y seront internes et leur nombre sera fixé chaque année par le ministre de la guerre.

Art. 5. La limite d'âge pour l'admission à l'école d'artillerie sera fixée à 20 ans.

Art. 6. Les élèves n'auront aucun grade à l'école ; ils porteront le même costume que les élèves de l'école militaire.

Art. 7. Les élèves de l'école d'artillerie seront soumis à la discipline militaire.

Art. 8. Le programme des études théoriques et pratiques, dont la durée est fixée à trois ans, sera dressé par une commission d'officiers de l'artillerie et du génie, présidée par un officier général délégué par le ministre de la guerre.

L'instruction pratique sera poussée aussi loin que possible.

Art. 9. Chaque année, il sera dressé dans chacun des camps d'instruction la liste des sous-officiers d'artillerie qui voudraient se présenter au concours pour le grade de sous-lieutenant ; les élèves de l'école d'artillerie, qui auront terminé leurs trois années d'études, seront envoyés, proportionnellement au nombre de places vacantes, subir le concours dans chacun des camps concurremment avec les sous-officiers.

Art. 10. Les élèves de l'école d'artillerie qui, faute de places, n'auraient pu être nommés officiers; mais, qui néanmoins auraient fait preuve de connaissances suffisantes, feront une quatrième année à l'école d'application, et se présenteront l'année suivante.

Art. 11. Ceux qui seraient reconnus trop peu instruits pour être sous-lieutenants, seront admis à se présenter aux examens de sous-officier.

Il en sera d'ailleurs de même pour les jeunes gens qui après *deux années* passées à l'école, voudraient entrer dans la réserve.

Art. 12. A partir du grade de sous-lieutenant, l'avancement dans l'artillerie, aura lieu, par corps d'armée ; à cet effet, les officiers en mission seront rattachés pour mémoire aux divers camps.

Art. 13. Les élèves qui auront terminé leurs trois années d'études à l'école d'artillerie seront appelés à remplir les places vacantes dans le corps de l'artillerie de la marine.

L'armement des vaisseaux nécessite des études toutes spéciales, et un corps d'officiers d'artillerie de marine.

Bien que je demande qu'à l'école d'artillerie, on apprenne à connaître les différentes pièces de marine; il n'en est pas moins vrai que l'installation à bord d'une flotte qui se transforme constamment (et qui a déjà un si grand nombre de types différents), d'un matériel d'artillerie énorme, constitue une spécialité importante.

De plus le bien du service exige que le ministre de la marine ait sous ses ordres directs le personnel de construction.

L'artillerie de marine restera chargée comme par le passé :

1° Des travaux des directions dans les ports (1);

2° De la fabrication des bouches à feu de la marine, des projectiles et des artifices;

3° De la construction des affûts, de la confection des objets d'armement et de gréement nécessaires à l'artillerie de la flotte ;

4° De l'armement des forts et des batteries destinées à la défense des ports et des rades ;

5° Du service de l'artillerie dans les colonies et dans les ports militaires ;

On devra ajouter, à cause de la suppression du corps du génie,

6° Des travaux de défense des ports et des rades, tant en France que dans les colonies.

Les officiers, de l'artillerie de marine seront assez nombreux pour assurer les services que nous venons d'énumérer. Les grades et les limites d'âge seront les mêmes que dans l'armée. La solde sera supérieure à celle de l'armée.

Art. 14. Les élèves de l'école d'artillerie qui se destineront à l'artillerie de marine concourront avec les sous-officiers de l'arme présents en France qui voudraient subir l'examen d'officier. Ceux qui feront preuve de connaissances suffisantes seront nom-

(1) Il sera bon d'étudier s'il n'y aurait pas lieu de ne conserver que trois *arsenaux* maritimes : Cherbourg, Brest et Toulon, et de céder les deux autres au commerce sous certaines conditions.

més sous-lieutenants; ils seront envoyés une année à Gavre et une année à bord du vaisseau des canonniers, se perfectionner dans l'étude de l'artillerie de la marine.

Après ces deux années, les sous-lieutenants passeront leur examen de lieutenant et seront employés au régiment.

Une liste sera dressée pour établir le tour de colonie; chaque officier devra partir à son tour, et la comptabilité sera réglée pour tout le régiment et non par compagnie.

Dans chaque colonie il y aura un officier d'administration qui s'occupera de la comptabilité du détachement.

Le chef du service de l'artillerie et du génie dans chaque colonie sera un colonel ou un chef de bataillon. (Le grade de lieutenant-colonel est supprimé).

De même que dans la marine, l'éloignement des officiers empêche le système des concours pour l'avancement au-delà du grade de lieutenant.

Les officiers devront donc avancer tous au choix d'après les notes de leurs chefs et les travaux qu'ils auront faits.

Ils seront jugés par une commission composée, suivant les différents grades, de trois capitaines, trois chefs de bataillon ou trois colonels, qui étudieront les titres des candidats à l'avancement et les proposeront au comité d'artillerie. Le ministre de la marine devra respecter l'ordre de préférence indiqué par ce comité.

Nous nous sommes étendu peut-être un peu longuement sur le corps de l'artillerie de marine; mais ce corps est trop peu connu et semble jouir d'une sorte de défaveur à l'école polytechnique.

Nous ne pouvons comprendre ce sentiment pour un corps qui, en dehors du mérite incontestable de ses officiers, devrait avoir pour les jeunes gens l'attrait de campagnes lointaines et d'études variées.

Je résumerai en quelques mots mes idées sur l'école d'artillerie :

1° Les établissements d'instruction publique actuels pourront donner aux candidats les connaissances nécessaires pour entrer à l'école d'artillerie ;

2° Cette école étant essentiellement militaire, la limite d'âge pour l'admission doit être fixée à 20 ans ;

3° Cette école ne formant que des artilleurs, les élèves qui s'y présenteront, seront décidés à entrer dans ce corps, et apprendront avec goût les différentes branches du service ;

4° La réunion des corps actuels de l'artillerie et du génie amènera une unité fort désirable.

Pour l'artillerie donc, en particulier, la suppression de l'école polytechnique ne peut produire que de bons résultats ; car, à cette école *militaire* préparatoire, tous les corps de l'armée sont considérés comme les moins désirables.

4° Génie maritime.

La création du corps du génie maritime remonte à l'ordonnance du 25 mars 1765, et la dernière organisation de ce corps est établie par le décret du 11 avril 1854.

C'est, je crois, un des services publics où l'esprit de l'école polytechnique se donne le plus carrière ; mais je me suis tracé un cadre trop étroit pour signaler aujourd'hui à l'attention publique la voie dans laquelle sont entrées les constructions navales en France ; c'est-à-dire la construction d'un grand nombre de navires semblables à un type insuffisamment expérimenté.

Il serait facile de compter les millions dépensés pour la construction de grandes frégates incapables de résister à la grosse mer, « *frégates que l'on aurait du plaisir à couper en deux,* » comme le disait gracieusement un capitaine de vaisseau anglais.

Il faudrait signaler nos grandes corvettes blindées qui ne portent qu'une artillerie dérisoire pour le prix du navire, sa taille et son tirant d'eau.

Il faudrait dire que nos bâtiments soi-disant légers pour les longues campagnes sont inhabitables dans les pays chauds ; que les canonnières envoyées au loin sont de véritables *noyades* ; et que notre meilleur navire de guerre est peut-être aujourd'hui un bâtiment acheté à l'étranger.

Quoiqu'il en soit, je me résume en disant que les ingénieurs des constructions navales ne connaissent pas la mer, qu'ils n'étudient pas suffisamment ce qui se fait à l'étranger (1), qu'ils luttent contre les idées nouvelles proposées par les personnes étrangères à leurs corps (2), et que lors de l'armement d'un navire, un capitaine expérimenté est souvent forcé de subir les idées singulières d'installation maritime d'un jeune ingénieur sortant de l'école de Paris.

L'école du génie maritime fut créée à Paris ; mais on comprit en l'an X qu'il était singulier de placer loin de la mer l'école des constructions navales et on l'installa à Brest.

En 1830 l'école fut transportée à Lorient ; mais en 1854 on la replaça à Paris.

Comme le décret ne jugea pas utile de faire précéder cette mesure du moindre *considérant*, nous ne pouvons dire sur quoi l'on s'est basé pour arriver à ce véritable non-sens.

Disons quelques mots du décret d'organisation du 11 avril 1854.

« Art. 3. Les élèves du génie maritime sont pris parmi les

(1) Nous allons forcément entrer dans une période de désarmement ; nous ne conserverons plus à la mer que les navires strictement nécessaires à la sécurité de nos côtes et à la protection de nos nationaux à l'étranger. Il nous faudra user les navires que nous possédons et même vendre une partie de ce matériel flottant dont l'entretien est coûteux et qui ne pourra plus rendre de services sérieux.

(2) Les parisiens doivent se rappeler une petite canonnière dont on leur a peut-être trop parlé, mais qui n'en est pas moins une des inventions les plus savantes et les mieux réussies. L'auteur n'a longtemps retiré de ses travaux que des déboires, et le génie maritime s'est opposé d'abord à l'exécution du navire, et ensuite aux améliorations proposées par l'auteur lui-même.

élèves de l'école polytechnique qui ont été déclarés admissibles dans les services publics, et suivant l'ordre établi dans ladite école pour les examens de sortie. Ils doivent suivre les *cours d'application* dont le programme et la durée sont déterminés par un arrêté ministériel. »

Le décret a sans doute voulu dire : les *cours théoriques.*

« L'école est établie à Paris : Elle est placée sous les ordres d'un directeur des constructions navales. Les cours sont professés par les officiers du génie maritime. »

Nous avons dit combien cette idée de mettre l'école des constructions navales à Paris nous semblait plaisante. Ne serait-ce pas simplement pour procurer à quelques ingénieurs le séjour de la grande ville ?

« Art. 4. Après avoir terminé les études exigées, les élèves subissent un examen sur les diverses parties de l'instruction qu'ils ont reçue. Ceux qui sont déclarés admissibles par la Commission d'examen sont nommés sous-ingénieurs de 3ᵉ classe, au fur et à mesure qu'il survient des vacances dans ce grade. »

En fait, ils sont tous immédiatement nommés ingénieurs.

« Les élèves qui ne sont pas déclarés admissibles peuvent être autorisés à continuer leurs études pendant une année supplémentaire, après laquelle ils sont définitivement renvoyés s'ils n'ont pas encore justifié des connaissances voulues. »

« Art. 5. L'avancement au grade de sous-ingénieur de 2ᵉ classe est accordé uniquement à l'ancienneté aux sous-ingénieurs de 3ᵉ classe ayant au moins deux années de service dans ce grade. »

En fait, ils sont nommés sous-ingénieurs de 2ᵉ classe après ces deux années, et l'assimilation les fait lieutenants de vaisseau. Cette assimilation semblera singulière si l'on considère leur temps de service ; mais je n'insiste pas; car je demande la suppression de toute assimilation des corps civils avec les corps militaires. Je ne puis comprendre, en effet, l'assimilation d'un évêque à un général de brigade et d'un archevêque à un général de division.

Il est temps d'ailleurs de devenir sérieux et de supprimer les uniformes pour les corps non militaires. Les épées et les chapeaux à plumes me font un singulier effet lorsque je vois ainsi équipés les ingénieurs des tabacs, les employés des postes ou les receveurs des finances.

Une simple casquette avec un galon bleu, rouge ou vert me semble une marque distinctive fort suffisante dans le service des diverses administrations.

« Art. 7. Un ingénieur de 1re ou de 2e classe *peut* être employé dans toute armée navale ou escadre commandée par un amiral ou par un vice-amiral.

» Un sous-ingénieur *peut* être embarqué sur toute escadre ou division commandée par un contre-amiral. » (1)

---

(1) Décret du 30 décembre 1865.

« Art. 1er. Les sous-ingénieurs de 3e classe sont embarqués à bord du vaisseau-école d'application pendant la durée de la campagne qui suit immédiatement leur promotion à ce grade. (*Rapporté.*)

« Art. 2. Un sous-ingénieur de 1re ou de 2e classe est embarqué à bord du bâtiment portant le pavillon du commandant en chef des divisions navales désignées par un arrêté ministériel.

Art. 3. Un sous-ingénieur de 1re ou de 2e classe pourra être embarqué, par une décision spéciale du ministre à bord des bâtiments destinés à des missions spéciales.

» Art. 5. Un ingénieur de 1re classe fait partie de l'état-major général d'une armée navale.

» Un ingénieur de 1re ou de 2e classe *peut* être embarqué, en vertu d'une décision spéciale du ministre, dans une escadre ou une division navale commandée par un vice-amiral et fait partie de l'état-major général.

« Les ingénieurs de 1re et de 2e classe appelés à servir à la mer sont *désignés par le ministre.*

» Art. 6. Nul ne pourra être promu *au choix* au grade d'ingénieur, s'il ne compte une année au moins de navigation, en outre de la durée de son embarquement comme sous-ingénieur de 3e classe à bord du vaisseau-école d'application. »

Décret du 21 septembre 1868 modifiant l'article 1er du décret du 30 décembre 1865.

« A leur sortie de l'école du génie maritime, les sous-ingénieurs de 3e classe sont embarqués, chacun séparément, sur les bâtiments qui font partie de l'escadre d'évolution.

» Ils sont placés sous la direction de l'ingénieur de l'escadre qui prend les ordres du vice-amiral commandant en chef pour ce qui concerne leurs études et les travaux qu'ils doivent accomplir. »

Arrêté ministériel du 12 mars 1866 réglant l'embarquement des officiers du génie maritime.

« Art. 1er. Tous les ans du 1er au 15 décembre, il est dressé au ministère de la ma-

Nous indiquons en note les derniers décrets qui ont réglé l'embarquement des ingénieurs des constructions navales ; mais nous pouvons dire, sans crainte de nous tromper, que les ingénieurs se soucient fort peu d'aller à la mer et d'étudier dans leurs voyages les constructions étrangères. Aussi les ingénieurs qui veulent bien accepter un embarquement sont-ils *récompensés* pour ce seul fait.

D'ailleurs, ce n'est pas ainsi que nous comprenons l'embarquement des ingénieurs des constructions navales, embarquement que nous trouvons tout à fait insuffisant.

Nous désirons certainement que des ingénieurs soient envoyés dans les stations navales afin de diriger les grosses réparations de nos navires, d'étudier à l'étranger, de faire des rapports qui seraient mis à leur dossier, et d'apprendre toutes les conditions auxquelles doit satisfaire un navire à la mer. (A cet effet, l'ingénieur de la division devrait être embarqué successivement sur *tous les navires* de la station).

Mais nous voudrions aussi que l'ingénieur qui construit un

rine une liste générale d'embarquement comprenant, par ordre d'ancienneté, les sous-ingénieurs de 1re et de 2e classe qui n'ont pas complété le minimum de temps de navigation exigé pour l'avancement au choix.

» Ne sont pas compris sur cette liste d'embarquement les sous-ingénieurs qui, avant le 1er décembre, *auront fait connaître au ministère, par voie hiérarchique, qu'ils renoncent à leur tour d'embarquement pour l'année suivante.*

» En sont exclus de droit les sous-ingénieurs *hors cadres*, à moins qu'ils n'aient fait connaître officiellement au ministre, avant la date précitée, que leur intention est de *rentrer au service* dans les cadres, et d'être inscrit sur la liste d'embarquement.

» Cette liste est valable pour toute l'année suivante. Il en est envoyé une copie dans chacun des cinq ports et dans les établissements et services hors des ports.

» Art. 2. Les sous-ingénieurs portés sur la liste, sont embarqués suivant leur rang d'inscription, à l'exception de l'officier désigné par le ministre pour diriger les sous-ingénieurs à bord du vaisseau-école d'application.

» Il n'est admis aucune modification au tour d'embarquement, si ce n'est le cas de maladie dûment constatée. L'officier malade est alors remplacé par le suivant, et reste en tête de la liste ....

» Art. 3. En cas *d'insuffisance de la liste d'embarquement*, le ministre désigne d'office les sous-ingénieurs à embarquer, en commençant par le plus jeune compris dans les cadres de la 1re et la 2e classe n'ayant pas complété une année de navigation dans ce grade.....

» Art. 4. Les divisions navales sur lesquelles un sous-ingénieur de 1re ou de 2e classe est embarqué, sont celles: 1° de l'Amérique du Nord et Antilles ; 2° de l'Océan Pacifique ; 3° de la Chine et du Japon ; 4° du Brésil et de la Plata. »

bâtiment, petit ou grand, et devant servir de type à d'autres constructions semblables, fut invité à faire à bord la première campagne. Ce serait le meilleur moyen pour faire constater à l'ingénieur lui-même les imperfections de son œuvre ou les améliorations qu'il faudra y apporter.

Nous savons trop, en effet, le cas que le génie maritime fait aujourd'hui des rapports que les commandants adressent à leur retour en France à l'autorité maritime sur le navire qu'ils ont monté.

« Art. 8. Il peut être exceptionnellement accordé par le ministre des congés sans solde, dans la limite d'un à cinq ans, aux officiers du génie maritime qui auraient été autorisés à seconder des *entreprises particulières*. Dans ce cas ils conservent leurs droits à *l'avancement à l'ancienneté*. »

Cette disposition n'est pas acceptable ; elle prouve la mauvaise organisation de l'école du génie maritime qui ne forme que des ingénieurs de l'Etat. Le système que je propose la fera forcément disparaître.

Je n'entrerai pas dans le détail des études que l'on fait actuellement à l'école du génie maritime, et j'indiquerai brièvement les bases que je désire voir adopter pour l'école nouvelle :

Art. 1er. L'école des constructions navales est destinée à répandre les connaissances nécessaires aux constructions des bâtiments de mer.

Art. 2. Un examen aura lieu chaque année pour l'entrée à l'école des constructions navales.

Art. 3. L'école sera gratuite. Elle ne renfermera que des élèves externes. Le nombre des élèves ne sera pas limité. Tous les candidats qui auront fait preuve aux examens de connaissances suffisantes pour suivre les cours, y seront admis.

L'admission à l'école des constructions navales n'exempte pas de l'obligation des deux années de présence dans les camps d'instruction.

Il n'y a pas de limite d'âge pour l'entrée à l'école des constructions navales.

Art. 4. L'école sera établie à Toulon.

Art. 5. Une commission composée d'ingénieurs des constructions navales, de professeurs de l'université, et nommée par le ministre de la marine dressera le programme des connaissances exigées des candidats.

Ce programme, après acceptation du ministre, sera envoyé au ministre de l'instructiion publique.

Art. 6. La durée des cours théoriques sera de deux années. Les élèves suivront en outre les travaux qui se feront dans l'arsenal de Toulon et dans le port de Marseille ; ils étudieront la construction des navires étrangers qui pourraient arriver dans ces deux ports.

Art. 7. Une commission composée d'ingénieurs des constructions navales et de constructeurs civils de navires dressera le programme des études à faire à l'école.

Art. 8. Pendant la durée des études, les élèves seront dispensés d'assister aux exercices militaires dans les camps ; mais ils seront soumis à des exercices à l'école même.

Art. 9. Des *examens* auront lieu à la fin de la première année ; les élèves qui, par suite de leur peu de travail, ne feront pas preuve de connaissances suffisantes, seront exclus des cours de l'école.

Art. 10. A la fin de la seconde année, un *concours* aura lieu entre tous les élèves qui auront terminé leur instruction ; les premiers dans ce concours, en nombre égal à celui des places vacantes dans le corps des ingénieurs de l'Etat, seront nommés élèves-ingénieurs de la marine et feront en cette qualité une troisième année d'école pour se perfectionner dans l'étude des constructions navales militaires.

Les élèves de l'État toucheront une solde; ils pourront recevoir des missions à l'étranger.

Les élèves qui ne seront pas admis dans le service de l'Etat recevront un brevet de capacité, s'il y a lieu, brevet qui portera le numéro obtenu par l'élève dans le concours de fin d'études. Ils iront alors porter leurs connaissances dans l'industrie civile des constructions maritimes.

Ces quelques mots indiquent quelles sont nos idées. Aujourd'hui l'industrie des constructions maritimes n'a pas d'école, et la loi lui reconnaît le droit d'aller chercher des ingénieurs parmi ceux de l'Etat.

Nous voudrions qu'il fut fondé une école spéciale pour cette branche importante de notre industrie nationale. Les élèves les plus distingués de cette école seraient appelés à occuper les places d'ingénieurs de la marine militaire.

On voit alors que l'école polytechnique est insuffisante pour arriver à ce résultat.

5° Marine Militaire.

L'école polytechnique n'a pas fourni de tout temps des officiers à la marine de guerre ; cette idée, au moins bizarre, ne vit le jour que le 17 avril 1822.

« Ordonnance : Voulant ouvrir une *nouvelle carrière* aux élèves de l'école polytechnique, et *procurer à la marine des sujets qui réunissent les connaissances étendues et variées qu'on acquiert dans cette école.*

» Art. 1er. Il pourra être désigné chaque année six élèves de l'école polytechnique qui entreront dans la marine.

» Cës élèves y entreront avec le grade d'aspirant de 1re classe.

Art. 2. Après 28 mois d'embarquement, et après avoir satisfait à un examen, ils seront nommés enseignes de vaisseau. »

J'ai toujours trouvé cette ordonnance admirable : elle aurait pu d'ailleurs être conçue en ces termes :

Pour faire progresser la science de la navigation, il entrera chaque année dans la marine six jeunes gens qui n'ont jamais vu la mer, et qui ne savent pas distinguer le grand mât du mât de misaine.

Aussi ces jeunes gens seront-ils de suite nommés aspirants de 1re *classe*.

(Je ne vois pas, en effet, pourquoi ils ne seraient pas nommés immédiatement capitaines de vaisseau).

Du reste, on ne tarda pas à trouver que 28 mois de navigation n'étaient pas nécessaires pour faire d'un élève de l'école polytechnique un bon enseigne de vaisseau, et l'ordonnance du 7 juillet 1824, réduisit ce temps à 24 mois.

Cependant après la révolution de 1830, cette mesure sembla tellement plaisante que l'ordonnance du 24 septembre 1831 parut :

« Considérant que le principal motif de cette disposition avait eu pour but d'augmenter les moyens de recrutement du corps, réduit alors aux élèves sortant du collége d'Angoulême et dont le nombre n'était pas en proportion avec le besoin du service,»(le moyen est singulier ; un enfant de 8 ans en aurait trouvé un bien plus simple, celui de recevoir six élèves de plus à l'école navale), « voulant rendre aux autres services publics des sujets que leurs connaissances variées et étendues » (soit, mais pour sûr pas en marine,) « permettent d'y admettre plus utilement, » (je le crois bien), etc.

« Les ordonnances du 17 avril 1832 et du 7 juillet 1824 sont rapportées.»

On pourrait croire que l'on s'est tenu à cette sage ordonnance ; mais l'école polytechnique ne fut probablement pas contente, et la loi du 20 avril 1832 vint remettre les choses en l'état.

« Art. 6. L'école polytechnique aura *droit* chaque année à quatre places d'élèves de la marine de 1re classe.»

Et que l'on ne se trompe pas sur la valeur des mots : Les *élèves*, appelés aujourd'hui *aspirants*, sont des *officiers*.

Ainsi chaque année, quatre élèves de l'école polytechnique, après leurs deux années d'études à Paris, sont nommés......

quoi ? aspirants de 2me classe comme les élèves de l'école navale? nou pas ; mais bien aspirants de 1re classe, c'est-à-dire qu'ils sont mis sur le même rang que les élèves qui ont fait deux années d'études spéciales à l'école navale, et deux années d'application à bord de la flotte comme aspirants de 2e classe (1).

Ces jeunes gens quittent donc le quartier des écoles pour embarquer sur les navires de guerre.

Peut-être le futur aspirant est-il allé le dimanche à Asnières ou à l'école de natation du Pont-Royal ; mais c'est tout ce qu'il a pu apprendre en fait de marine : Or, il va se trouver immédiatement embarqué avec de vrais matelots, et il aura à commander de suite au moins une embarcation ou la manœuvre d'un mât.

Voilà donc notre jeune officier forcé de dire à son *patron* où il veut aller, et de se laisser conduire par lui.

C'est là une situation déplorable pour le jeune aspirant qui ne cherche qu'à apprendre, mais qui n'ose demander à un inférieur le nom de telle corde ou de tel mât ; déplorable pour les autres aspirants sortant de l'école navale qui savent déjà leur métier et qui ont un grade inférieur à celui de l'élève de l'école polytechnique, déplorable pour la discipline qui ne peut se baser que sur le mérite du chef reconnu par l'inférieur.

Tous les gens de bonne foi conviendront avec moi qu'il serait aussi logique de nommer un élève de l'école polytechnique, docteur en médecine ou élève de l'école de Rome, qu'aspirant de 1re classe.

On me dira que la loi du 20 avril 1832 exige des aspirants provenant de l'école polytechnique un examen, pour qu'ils soient nommés enseignes de vaisseau.

Mais en vérité peut-on admettre qu'un élève de l'école poly-

(1) Nous ne parlons pas de l'institution nouvelle et mauvaise, selon nous, du vaisseau d'application des élèves où les jeunes gens de l'école polytechnique sont embarqués et d'où les élèves provenant de l'école navale sortent avec le grade d'aspirant de 1re classe. Cette institution a disparu de fait aujourd'hui, et nous espérons bien qu'on n'y reviendra pas.

technique, quelque bien doué qu'il soit, après deux années d'embarquement (il n'est même pas dit : de navigation), et sans maître, puisse en savoir autant que l'élève de l'école navale qui a passé deux ans à cette école spéciale, et qui a fait quatre années comme aspirant ?

Si l'on peut me répondre : oui, je proposerai immédiatement que l'on supprime l'école navale qui coûte au budget, et que l'on fasse sortir tous les officiers de vaisseau de l'école polytechnique. Il y aura ainsi économie d'argent et de temps.

Je suis donc persuadé que les examens que peuvent passer les élèves de l'école polytechnique pour le grade d'enseigne de vaisseau laissent beaucoup à désirer ; je ferai remarquer d'ailleurs que ces examens sont les mêmes que ceux que l'on exige des aspirants de seconde classe pour passer à la première classe de leur grade.

Il est temps, je crois de revenir à des idées plus saines sur les exigences du service de la marine, et de supprimer ce moyen fantaisiste de faire des officiers de vaisseau.

6° Corps des ingénieurs hydrographes.

Le corps des ingénieurs hydrographes a été institué par l'ordonnance du 6 juin 1814.

L'ordonnance du 25 novembre 1831 met ce service au nombre des carrières réservées aux élèves de l'école polytechnique, et le décret du 5 mars 1856 règle l'organisation actuelle de ce corps.

Je ne m'étendrai pas sur ce sujet ; car je demande la suppression pure et simple des ingénieurs hydrographes.

Décret du 5 mars 1856.

« Art. 1er Les ingénieurs hydrographes sont chargés des reconnaissances hydrographiques, du levé et de la construction des cartes marines.

» Art. 3. Le corps des ingénieurs hydrographes continue d'être attaché au dépôt des cartes et plans de la marine. Il a dans ses attributions la construction, la réparation et la conservation des instruments de précision, le dépouillement des documents nautiques et scientifiques recueillis par le dépôt, la rédaction des instructions ou avis à l'usage des navigateurs, les publications d'ouvrages scientifiques entreprises par le département de la marine, les observations de marées, du régime des eaux et des phénomènes magnétiques ou météorologiques utiles à la navigation.

» Art. 4. Les ingénieurs hydrographes *peuvent* être appelés à remplir des missions hydrographiques sur les côtes de France et à l'étranger.

» Ils *peuvent* aussi être attachés aux stations navales, pour l'exécution de travaux hydrographiques et scientifiques.

» Art. 5. Les élèves hydrographes sont pris parmi les élèves de l'école polytechnique qui ont été déclarés admissibles dans les services publics, et suivant l'ordre établi dans ladite école pour les examens de sortie.

» Art. 6. Les élèves hydrographes, après deux années d'exercice sont nommés sous-ingénieurs de 3e classe, au fur et à mesure qu'il survient des vacances dans ce grade.»

A mon avis, c'est le corps des officiers de vaisseau qui doit être chargé du levé des cartes marines.

Le dépôt des cartes et plans est dirigé par un amiral ; on pourra lui adjoindre quelques officiers fatigués de la mer pour la conservation des instruments. Ces officiers seront infiniment plus aptes que les ingénieurs hydrographes à dépouiller les documents nautiques et à rédiger les instructions à l'usage des navigateurs. Quant à la construction et à la réparation des instruments de précision et des chronomètres, je n'ai jamais entendu dire que les ingénieurs hydrographes les aient jamais entreprises ; cela regarde les ingénieurs-constructeurs civils.

La France entretiendra toujours des bâtiments de guerre, (ne fût-ce que des navires à voiles) dans les différentes parties du monde ; elle aura donc constamment un personnel qui devra s'occuper de la construction des cartes et des observations utiles à la navigation.

Je crois d'ailleurs qu'il serait bon de maintenir les élèves trois années à l'école navale où on leur ferait faire des travaux importants d'hydrographie.

Il ne faudra donc plus se contenter de donner quelques missions hydrographiques à des ingénieurs et à des officiers ; il est nécessaire que *tous* les navires soient munis des instruments nécessaires. Le ministre donnera des instructions générales, et les amiraux et commandants feront exécuter les travaux les plus urgents.

Si aujourd'hui les officiers de la marine font relativement aux besoins peu de travaux hydrographiques, cela tient à ce qu'ils n'en ont pas les moyens, et que les ingénieurs hydrographes seraient peut-être jaloux si l'on empiétait sur leur monopole.

Cela tient peut-être aussi à ce que ces études, cependant si importantes, ne procurent pas aux officiers qui s'en occupent l'avancement qu'ils méritent. Or, d'après le système d'avancement que nous avons proposé pour l'armée navale, ces travaux devront constituer un des titres les plus sérieux de l'officier à l'avancement.

Aujourd'hui les cartes hydrographiques françaises sont en général fort mauvaises. Elles ne sont le plus souvent qu'une compilation peu réussie des cartes étrangères, et les commandants, même ceux de la marine militaire, s'empressent d'acheter pour les campagnes lointaines. les cartes anglaises ou hollandaises.

Les séries sont de plus fort imcomplètes, et il est urgent de les corriger et de les compléter.

La plupart de nos cartes, faites par les ingénieurs hydrographes, sont donc coûteuses et inutiles.

Il est impossible, en effet, qu'une quinzaine d'ingénieurs qui ne sont presque jamais embarqués, surtout au loin, puissent faire ou réviser l'hydrographie du monde entier; La marine militaire seule peut entreprendre et mener à bien une semblable tâche.

La suppression du corps des ingénieurs hydrographes produira une économie et fera faire des progrès sérieux à la navigation. Ce n'est donc pas pour alimenter ce corps que l'on pourra demander la conservation de l'école polytechnique.

7° Ponts et chaussées.

Nous n'avons pas à nous occuper en détail du corps des ingénieurs des ponts et chaussées dont la création remonte à 1722.

Nous comprenons que l'État ait besoin pour exécuter ses travaux d'un corps organisé d'ingénieurs, bien que nous désirions le concours public pour les travaux nouveaux ou importants ; ce serait un moyen d'entretenir l'émulation et le travail parmi les ngénieurs de l'État.

Quoiqu'il en soit, nous devons nous borner à parler de l'école des ponts et chaussées, et à démontrer que pour l'organisation nouvelle et plus libérale que nous proposons, l'école polytechnique est parfaitement inutile.

Disons donc quelques mots du décret du 13 octobre 1861, qui règle l'organisation de l'école des ponts et chaussées.

« Art. 1er L'école des ponts et chaussées est destinée à former

les ingénieurs nécessaires au service confié par l'Etat aux ingénieurs des ponts et chaussées. Elle est placée dans les attributions
du ministre des travaux publics.

Art. 2. L'enseignement de l'école a pour objet spécial les
routes, les chemins de fer, les canaux, les rivières et les fleuves,
les ports maritimes, et en général tout ce qui se rapporte aux voies
de communication par terre ou par eau. Il a également pour
objet les irrigations, les desséchements, la réglementation des
cours d'eau et des usines, la distribution des eaux, etc. — Il comprend les connaissances de mécanique, d'architecture civile, de
minéralogie, de géologie, d'agriculture, d'administration, de droit
administratif et d'économie politique qui sont le plus particulièrement nécessaires aux ingénieurs.

« Art. 3. Les élèves de l'école des ponts et chaussées, destinés
à recruter le corps des ingénieurs de l'Etat, sont pris exclusivement parmi les élèves de l'école polytechnique.

« Art 4. En outre des élèves destinés au service public il *peut
être reçu à l'école* des ponts et chaussées des élèves externes français ou étrangers, *autorisés par le ministre* à suivre les cours de
l'école. Ces élèves, ou *une partie* d'entre eux, *peuvent même être
admis, par décision spéciale du ministre,* à participer aux travaux
intérieurs de l'école.

« Art. 5. Des arrêtés ministériels déterminent le nombre d'é-
lèves externes à admettre chaque année, les conditions de leur
admission, les travaux qu'ils auront à exécuter, les examens qu'ils
auront à subir à la fin de chaque session, les mesures d'ordre et
de discipline que nécessitera l'exécution de ces dispositions. »

Je sais bien que ce décret est trouvé très-libéral par un grand
nombre de personnes qui admirent surtout l'article 4.

Il est certain que cet article a fait faire un progrès réel dans le
sens de la diffusion de l'instruction spéciale ; mais je ne puis
comprendre l'inégalité dans laquelle se trouvent les divers élèves
de l'école, et je demande que l'exception consacrée par l'article

4, devienne la règle générale. Je suis sûr que les élèves feront des études plus sérieuses et plus complètes, et que le corps des ponts et chaussées ne pourra que gagner à être recruté, chaque année, parmi les élèves les plus travailleurs et les plus intelligents de l'école des ponts et chaussées.

Je rédigerais donc ainsi le commencement du projet de loi sur cette école.

Art. 1er. L'école des ponts et chaussées est destinée à répandre les connaissances nécessaires aux travaux de routes, de chemins de fer, de canaux, de rivières, de ports maritimes, d'irrigations, de desséchements, de réglementation des cours d'eau, de distribution des eaux, etc.

Art. 2. Un examen aura lieu chaque année pour l'admission à l'école des ponts et chaussées.

Art. 3. L'école sera gratuite. Elle ne renfermera que des élèves externes. Le nombre des élèves ne sera pas limité. Tous les candidats qui auront fait preuve aux examens de connaissances suffisantes pour suivre les cours, y seront admis.

L'admission à l'école des ponts et chaussées n'exempte pas de de l'obligation des deux années de présence dans les camps d'instruction.

Il n'y aura pas de limite d'âge pour l'entrée à l'école.

Art. 4. L'école sera établie à Paris.

Art. 5. Une commission composée d'ingénieurs des ponts et chaussées et de professeurs de l'université, et nommée par le ministre des travaux publics dressera le programme des connaissances exigées des candidats à l'école des ponts et chaussées.

Ce programme, après acceptation par le ministre, sera envoyé au ministre de l'instruction publique.

Art. 6. La durée des cours théoriques sera de deux années. Pendant ces deux années, les élèves seront dispensés d'assister aux exercices militaires dans les camps, mais ils seront soumis à des exercices à l'école même.

Art. 7. Des examens auront lieu à la fin de la première année. Les élèves qui, par suite de leur peu de travail, ne feront pas preuve de connaissances suffisantes seront exclus des cours.

Art. 8. A la fin de la seconde année, un concours aura lieu entre tous les élèves qui auront terminé leur instruction ; les premiers dans ce concours seront admis à remplir les vacances dans le corps des ingénieurs de l'État, les autres recevront un brevet de capacité, s'il y a lieu, brevet qui portera le numéro obtenu par l'élève dans le concours de fin d'études.

Il me semble, en effet, que toutes les écoles civiles de la République doivent être d'abord destinées à répandre l'instruction, et ensuite seulement à former des fonctionnaires.

Il est évident, d'ailleurs, que le système de concours, où les premières places donneront droit aux positions du gouvernement, fera entrer dans les services publics les jeunes gens qui auront montré le plus de dispositions *dans chaque spécialité*, tandis que, avec l'institution de l'école polytechnique, il n'entre dans ces services que des jeunes gens qui ont fait preuve de connaissances mathématiques, et nullement de *connaissances spéciales*.

J'espère aussi que la disposition de la loi du 18 juillet 1866, déjà citée, ne subsistera pas longtemps, et que les ingénieurs des ponts et chaussées ne seront plus chargés que des travaux de l'État. On pourra ainsi diminuer leur nombre et faire une économie budgétaire.

Les départements, les communes, les compagnies civiles, les chemins de fer, etc., pourront alors demander l'exécution de leurs travaux à des ingénieurs libres qu'ils *pourront* soumettre à un concours pour tel ou tel travail.

Je ne veux plus, en effet, que les ingénieurs puissent se retirer *temporairement* du service de l'Etat pour s'attacher à celui des compagnies particulières ou prendre du service à l'étranger. Cette mesure, consignée dans l'article 19 du décret du 13 octobre 1851, prouve la mauvaise organisation de l'école actuelle des ponts et chaussées, et nuit au service de l'Etat.

Art. 9. Les élèves qui, à la suite du concours, sont admis dans le corps des ingénieurs des ponts et chaussées de l'Etat, ne seront jamais de suite employés qu'en sous-ordre ; ils seront envoyés auprès des ingénieurs chargés des grands travaux de l'Etat ; ils pourront également être envoyés suivre des travaux exécutés en France ou à l'étranger par les ingénieurs civils, afin de compléter leur instruction spéciale.

Ils toucheront un traitement à dater de leur admission dans le service public.

Art. 10. Les élèves de l'école des ponts et chaussées n'auront aucun uniforme, pas plus que les ingénieurs. Le corps des ingénieurs aura une hiérarchie de grade sans assimilation avec aucun autre corps de l'Etat.

Art. 11. Une commission composée d'ingénieurs des ponts et chaussées, et nommée par le ministre des travaux publics dressera le programme des cours à faire à l'école.

Art. 12. En dehors des études théoriques, les élèves devront suivre les grands travaux qui se feront à proximité de la ville où sera établie l'école.

Je ne veux pas, pour le moment, étudier plus en détail l'organisation du corps des ponts et chaussées, ni celle de son tout-puissant conseil général, je me suis contenté d'appliquer à l'école des ponts et chaussées les principes généraux que j'ai posés pour toutes les écoles de la République : Diffusion de l'instruction au moyen d'une école d'externes, comprenant un nombre d'élèves illimité, — suppression de la limite d'âge pour l'admission à l'école, — supériorité des ingénieurs de l'Etat, obtenue par un concours général après les deux années d'études spéciales.

Si l'on accepte ces réformes, on admettra que l'école polytechnique n'est pas utile et est tout-à-fait insuffisante pour alimenter l'école des ponts et chaussées.

8° Mines.

L'école des mines fut instituée à *Paris* par arrêté du conseil du 19 mars 1783.

Nous ne ferons ici l'historique ni du corps des ingénieurs des mines, ni même de l'école ; mais nous ferons remarquer que l'école des mines a toujours été établie à Paris : Or, nous ne pouvons séparer dans notre esprit l'étude de la pratique de celle de la théorie ; et de même que nous ne comprenons pas l'école navale située à Angoulême, comme elle le fut pendant un temps, de même nous n'admettons pas que l'école des mines soit située ailleurs que près d'une mine en exploitation.

L'école des mines serait bien placée à Saint-Etienne ou à Alais où se trouvent déjà des écoles pratiques de mineurs, parce que ces villes sont au milieu d'exploitations métallurgiques et minières.

C'est le décret du 26 septembre 1856 qui organise l'école des mines.

« Art. 1er. L'école des mines est destinée à former des ingénieurs nécessaires au service confié par l'Etat au corps des mines.

» Art. 2. L'enseignement de l'école a pour objet spécial l'exploitation et le traitement des substances minérales. Il a également pour objet l'étude des machines et appareils à vapeur ; la recherche, la conservation et l'aménagement des sources d'eaux minérales, le drainage et les irrigations, l'exploitation et le matériel des chemins de fer, et, en général, les arts et les travaux qui se rattachent à l'industrie minérale. Il comprend les connaissances de mécanique, de métallurgie, de docimasie, de minéralogie, de paléontologie, de géologie pure et appliquée à l'agriculture, de droit administratif, de législation des mines et d'économie industrielle, ainsi que les principes nécessaires aux ingénieurs des mines et aux directeurs de mines et d'usines.

» Art. 3. Il est établi près de l'école des mines : 1° Un musée composé de collections relatives à l'industrie minérale et aux sciences qui s'y rattachent ; 2° un bureau d'essais spécialement chargé de l'essai et de l'analyse des substances employées dans l'industrie ;

» Art. 4. Les élèves de l'école des mines destinés à recruter le corps des ingénieurs de l'Etat sont pris exclusivement parmi les élèves de l'école polytechnique.

Art. 5. Indépendamment des élèves ingénieurs destinés au service public, l'école reçoit des élèves externes, des élèves étrangers et des élèves libres.

» Les élèves externes sont admis après concours, par décision du ministre des travaux publics, et ils participent à tous les cours et exercices pratiques de l'école. »

On voit d'après cela que les principes de l'école des mines sont les mêmes que ceux de l'école des ponts et chaussées. Les modifications que nous proposerons, seront donc les mêmes que celles faites précédemment, et nous ferons disparaître cette distinction d'élèves de l'Etat, d'élèves de l'école polytechnique sans emploi, d'élèves externes, d'élèves étrangers, d'élèves libres.

Nous reconnaissons l'intérêt que peut avoir l'Etat à posséder un corps d'ingénieurs pour faire respecter les lois sur les mines, étudier les concessions à accorder, dénoncer les infractions aux règlements et exiger les travaux indispensables à la sécurité des ouvriers ; mais nous demandons qu'avant tout, l'école des mines soit destinée à former de bons ingénieurs et de bons directeurs de mines exploitées par les compagnies civiles.

Nous désirons qu'il soit créé une école d'ingénieurs qui, dans une sphère plus élevée, complète l'institution des écoles de mineurs de Saint-Etienne et d'Alais.

De plus pour encourager l'émulation parmi les élèves, et pour procurer au corps des mines de l'Etat des jeunes gens instruits dans cette spécialité, nous demandons que les places du gouvernement soient réservées aux élèves qui auront eu les premières places dans le concours de fin d'études.

Nous ne ferons donc que répéter ce que nous avons dit au sujet de l'organisation nouvelle de l'école des ponts et chaussées.

Art. 1er. L'école des mines a pour but de propager l'enseignement des connaissances nécessaires à l'exploitation et à l'industrie minérale et minière.

Art. 2. Un examen aura lieu chaque année pour l'entrée à l'école des mines.

Art 3. L'école sera gratuite. Elle ne renfermera que des élèves externes....., etc., etc. (Voir le projet pour l'école des ponts et chaussées).

En acceptant une organisation semblable, l'école polytechnique doit évidemment disparaître comme école préparatoire.

9° Etat-Major.

L'école d'état-major, créée par l'ordonnance du 6 mai 1818 pourrait, je crois, recevoir de nombreuses améliorations, car le service des officiers de ce corps est un des plus importants dans les armées, et aujourd'hui, il a presque disparu devant les fonctions fort différentes et subalternes d'officiers d'ordonnance.

Dans notre projet de réorganisation de l'armée, nous avons dit :

« Une école d'état-major sera créée dans un des camps d'instruction ; les sous-lieutenants et les lieutenants des trois armes (infanterie, cavalerie, artillerie) concourront pour occuper les places dont le nombre sera reconnu nécessaire.

» Les officiers, après examen, en sortiront avec le grade de capitaine. La durée des études sera de trois années, dont une consacrée à l'étude de l'artillerie. »

Et plus loin :

» Les officiers d'état-major ne sont pas destinés à porter des ordres ou à faire un service de bureau. Ils feront un stage comme capitaines dans les trois armes, où ils commanderont une compagnie.

» Ils seront occupés à des travaux de cartes.Ils connaîtront le pays avoisinant le camp où ils seront employés. Ils étudieront la carte de France, et recevront des missions après lesquelles ils devront adresser des rapports au commandant en chef, etc.

» Les grades seront également donnés au concours ; ils seront les mêmes que dans les corps de troupes.

» Le nombre des officiers d'état-major sera réglé par le ministre de la guerre.

» Arrivés au grade de chef de bataillon, les officiers d'état-major pourront entrer, avec leur grade, dans les corps de troupes. »

Les officiers-élèves de l'école d'état-major qui ne seraient pas reconnus capables d'être nommés capitaines dans le corps, seraient renvoyés avec leur grade de sous-lieutenant ou de lieutenant dans l'arme qu'ils ont quittée.

Nous ne voulons pas entrer dans plus de détails dans l'organisation de l'école d'état-major: Nous ferons remarquer simplement qu'aujourd'hui : 1° L'école d'état-major se recrute au concours parmi les premiers élèves de l'école militaire et les sous-lieutenants de l'armée, 2° deux ou trois places sont réservées chaque année aux élèves de l'école polytechnique ; 3° les élèves de l'école polytechnique, nommés dans l'état-major, sont admis à l'école *sans concours ni examen*.

Il est certain, en effet, que les élèves de l'école polytechnique ne peuvent pas être en mesure de subir ce concours ; car autrement il faudrait reconnaître l'inutilité des cours professés à l'école militaire.

C'est donc toujours le même principe : ou bien l'école polytechnique se réserve entièrement une carrière, ou bien elle se considère comme tellement supérieure, qu'elle ne peut admettre qu'elle ait à satisfaire à un examen ou à un concours pour arriver dans les services publics où il entre d'autres éléments qu'elle. Il est évident que s'ils étaient soumis à ces épreuves, ses élèves ne pourraient qu'être évincés.

Il est temps d'accorder les places du gouvernement au *mérite*

..... et non plus au *mérite admis*, de former le corps d'état-
..... avec de véritables officiers connaissant déjà l'art militaire,
et de se persuader que l'école polytechnique n'est pas utile pour
le recruter.

10° Administration des Tabacs.

11° Administration des poudres et salpêtres.

Le décret du 9 novembre 1865, réunit les directions de ces
deux administrations en une seule sous le titre de : Direction
générale des manufactures de l'Etat, et crée *l'école d'application
des manufactures de l'Etat*, où les élèves ingénieurs complètent
leur instruction spéciale.

Nous ne voyons pas bien les rapports qui peuvent exister entre ces deux services, et nous ne comprenons pas pourquoi les
jeunes gens qui vont entrer dans les manufactures de poudres,
apprendraient à faire un cigare, et réciproquement.

Mais nous ne comprenons pas surtout pourquoi l'Etat a créé
une école spéciale pour ces deux services, école qui ne renferme
que quelques élèves.

N'existe-t-il pas l'école des arts et manufactures qui appartient
à l'Etat depuis la loi du 19 juin 1857 et la convention du 13 avril
précédent.

Si l'Etat a besoin d'ingénieurs pour ses manufactures, il faut
que ces places soient réservées aux premiers élèves de l'école
centrale ; il y aura économie pour le budget, émulation à l'école
des manufactures, et avantage pour l'Etat.

Nous proposerions donc pour l'école des arts et manufactures
un programme en tout semblable à celui proposé pour l'école
des ponts et chaussées, et nous supprimerions une école qui
doit compter au moins autant de professeurs que d'élèves.

L'article 4 du décret du 9 novembre dit :

« La direction *scientifique* et *technique* des différentes branches de service composant la nouvelle direction générale, ainsi que la *construction des bâtiments* et machines qui en dépendent, restent exclusivement confiées aux ingénieurs des manufactures de l'Etat. »

Je ne voudrais pas dire que c'est depuis que l'on met tant de *science* dans la fabrication des tabacs, que les cigares français sont détestables; mais ce que je puis dire c'est qu'à la Havane il n'y a pas d'école polytechnique et les cigares sont parfaits.

Quant à la construction des bâtiments, je crois que l'Etat fera bien d'agir comme les simples particuliers et de s'adresser à un architecte lorsqu'il voudra faire construire une maison petite ou grande.

Mais cette idée est trop simple, et dans tous les services de l'Etat, les anciens élèves de l'école polytechnique sont appelés à faire des constructions dont on connaît l'élégance et la solidité.

Quant au service des poudres et salpêtres, je crois qu'il est utile de le confier tout simplement aux officiers d'artillerie auxquels on adjoindrait quelques chimistes qui apporteraient leur esprit de recherche et seraient admis après concours.

Les officiers d'artillerie qui sont appelés à se servir des différentes poudres et qui connaissent la résistance des métaux employés dans les diverses armes à feu, seront plus aptes que personne à suivre la fabrication et à faire toutes les expériences de poudres anciennes et nouvelles. D'ailleurs c'est bien ce que reconnaît l'ordonnance en donnant la direction et les inspections des poudreries à des officiers d'artillerie.

Je ne vois donc pas l'utilité d'appeler des jeunes gens qui ont à apprendre leur métier, tandis que l'artillerie peut fournir des employés tout formés que le concours introduirait dans les manufactures.

12° Administration des télégraphes.

L'ordonnance du 24 août 1833 sur l'organisation de l'administration des télégraphes demandait aux élèves-inspecteurs : « un examen comprenant : une rédaction claire et facile, le dessin linéaire, le lavis des plans, l'arithmétique et la géométrie. »

Cet examen était en effet suffisant lors de la télégraphie aérienne ; mais il fallait trouver un débouché nouveau à l'école polytechnique, et ce fut la carrière des télégraphes qu'on lui accorda par l'ordonnance du 30 octobre 1832.

L'ordonnance de 1833 ajoutait : « Les élèves de l'école polytechnique, désignés pour un service public, peuvent être admis élèves-inspecteurs, sans être assujettis à subir l'examen d'entrée.

« Les stationnaires de 1re classe qui se sont le plus distingués par leur capacité et leur bonne conduite peuvent être admis sans examens ; mais leur nombre ne doit pas dépasser le quart des autres admissions. »

Ces dispositions ne suffirent pas à l'école polytechnique, et l'ordonnance du 14 août 1844 supprima l'examen d'élève-inspecteur, et réserva les *quatre-cinquièmes* des places aux élèves de l'école polytechnique.

« Art. 1er. A partir du 1er octobre 1844, les quatre-cinquièmes des places vacantes d'élèves-inspecteurs des lignes télégraphiques seront accordées aux élèves sortant de l'école polytechnique, et déclarés admissibles dans les services publics,

» Le dernier cinquième continuera d'appartenir à ceux des stationnaires de 1re classe qui se seront distingués par leur capacité et leur bonne conduite. »

Aujourd'hui l'organisation de l'administration des télégraphes est réglée par le décret du 29 novembre 1858.

« Art. 5. Les inspecteurs sont chargés, sous les ordres des

directeurs divisionnaires, de visiter les lignes et les stations comprises dans leur circonscription, et de veiller à la bonne exécution de toutes les parties du service.

» Ils rendent compte de leurs tournées au directeur de l'administration.

» Art. 13. Les inspecteurs sont choisis parmi les directeurs de station de 1re ou de 2e classe, et parmi les élèves-inspecteurs nommés depuis trois ans au moins et ayant rempli pendant un an les fonctions d'inspecteur; les élèves-inspecteurs, parmi les élèves de l'école polytechnique déclarés admissibles dans les services publics; les directeurs parmi les stationnaires de 1re ou de 2e classe.

» Art. 14. Un tiers au moins des emplois d'inspecteurs est réservé aux élèves inspecteurs. »

Il y aurait à étudier tout le service de la télégraphie et en particulier les fonctions d'inspecteur, fonctions dont nous abusons un peu trop dans toute notre administration, et qui sont souvent des sinécures. Il vaudrait mieux souvent diminuer le nombre des inspecteurs, et augmenter la responsabilité des employés.

Quoiqu'il en soit, je ne comprends pas que l'on donne tant de places aux élèves-inspecteurs, et tant aux directeurs. Les élèves feront-ils de meilleurs inspecteurs que les directeurs? Dans ce cas, il faut leur donner toutes les places: sinon, il ne faut leur en donner aucune.

Y a-t-il un concours entre ces divers candidats? Non. Comment alors apprécier leurs services d'une façon équitable.

Je crois d'ailleurs qu'il est bon que les inspecteurs aient passé par les services qu'ils ont à surveiller, je ne dis pas dans tous les grades, mais au moins dans quelques-uns.

De plus comment peut-on avoir de bons employés subalternes quand ceux-ci, une fois arrivés directeurs, se voient enlever le tiers au moins des places d'inspecteurs, (je souhaite qu'il n'y ait rectement que le tiers des places données aux élèves de l'école polytechnique). par des jeunes-gens qui n'ont pas leur pratique, et peut-être leurs connaissances en télégraphie?

Je voudrais donc voir le principe du concours admis, *autant que possible,* comme base de l'avancement dans toutes les carrières du gouvernement; les *protections* seraient alors inutiles, et les *passe-droits* presque impossibles.

Il est bien entendu que les notes des supérieurs sur la conduite, l'intelligence générale et l'aptitude au service des employés doivent toujours être prises en considération; mais dans tous les cas, l'entrée au corps devrait être toujours laissée au concours.

En acceptant donc les divers grades de l'administration des télégraphes, je proposerais, pour l'obtention de celui de stationnaire de la dernière classe, un concours sur les connaissances théoriques de la télégraphie, sur la physique et la chimie, en insistant sur tout ce qui a rapport à l'électricité. L'avancement aurait lieu par circonscription jusqu'à un certain grade, et ensuite sur tout le corps, en tenant compte des découvertes, ou perfectionnements, apportés par les concurrents.

De cette façon, je crois, des jeunes gens instruits, sûrs d'un avancement régulier, basé sur la capacité et le travail, se présenteraient pour entrer dans cette administration qui aurait ainsi une homogénéité profitable au service; et l'on verrait, par la supression de l'école polytechnique, disparaître des jalousies trop faciles à comprendre.

13° Commissariat de la marine.

Depuis le 11 novembre 1848, l'école polytechnique n'avait pas su ouvrir de nouvelle carrière à ses vastes connaissances.

En effet cette école embrassait tous les services, ou peu s'en faut ; on n'osait pas nommer les élèves, magistrats ou professeurs de droit, et cependant il fallait trouver quelque chose.

Aussi le rapport du ministre de la marine du 14 mai 1855 engagea-t-il les élèves de l'école polytechnique à venir *jeter un peu d'éclat* sur le corps du commissariat de la marine.

Certes on n'a jamais fait d'administration à l'école polytechnique, mais à quoi bon ? — Y fait-on d'avantage de la navigation ? non, et bien les élèves ne sont-ils pas officiers de marine ?

Je copie textuellement quelques extraits de ce rapport, car il est curieux, et cela fera connaître les connaissances diverses que l'on doit exiger des commissaires de la marine :

« Le corps du commissariat embrasse dans ses attributions :

» 1° Le service de l'inscription maritime dans 86 quartiers ou sous quartiers, celui des matricules de 152000 marins ;

» 2° L'administration des bris et naufrages, et celle de la caisse des gens de mer ;

» 3° Le service de l'ordonnancement et de la surveillance des recettes et des dépenses de la caisse des invalides de la marine ;

» 4° Le service admistratif à bord de tous les bâtiments de la flotte, ou armés ou en commission, des revues des troupes d'infanterie, d'artillerie, de gendarmerie de marine, des armements des rôles d'équipage, etc.

» 5° Le service du contrôle de l'emploi des matières dans les ateliers, de la comptabilité du matériel embarqué et à terre, des inventaires de tous les bâtiments naviguant pour le compte de l'état ;

» 6° Le service de l'administration des chiourmes dans les bagnes.

7° Le service des approvisionnements généraux, des marchés, des recettes et des vérifications des matières, de la comptabilité et de la conservation dans les arsenaux de la totalité du matériel naval ;

« 8° Le service de l'ordonnancement de toutes les dépenses de la marine, à l'exception de celles qui sont payées par l'administration centrale.

A des attributions déjà si nombreuses viennent s'ajouter aujourd'hui les obligations nouvelles qui résultent des décrets récents sur le service à bord des bâtiments de la flotte, sur la police des pêches et de la navigation, sur le domaine de la mer, sur l'institution des tribunaux maritimes, etc.

L'organisation du personnel préposé à la direction des services administratifs si multipliés, si divers et si importants, mérite . . . .

. L'ordonnance du 23 décembre 1817, n'a pas organisé le corps de manière à offrir *toutes les garanties désirables* . . . .

. La meilleure administration d'un service ne s'obtient jamais par la multitude des agents. La capacité est exclusive du nombre. La valeur personnelle doit être rétribuée suivant son niveau ; le commandement et la direction ne sont utilement exercés que par des *influences incontestées*. . . . .

. La question de recrutement du commissariat de la marine a été de ma part l'objet d'un très sérieux examen.

. Ce corps, depuis quelques années, était tombé dans un découragement complet ; il a besoin, à ses propres yeux, d'être *relevé et rajeuni*.

. L'admission dans les rangs de début du commissariat ne doit plus avoir lieu, comme par le passé, *sans condition et sans garantie*.

. Le décret exige un *examen préalable*. Il livre *au concours* l'obtention du grade d'aide-commissaire.

. L'examen est la garantie de l'aptitude ; le concours est la meilleure consécration des droits acquis.

Ce début est fort juste, et l'on s'attend à une succession de réformes aussi nombreuses que sages ; mais :

L'introduction des élèves des écoles *spéciales* dans quelques services publics a produit de bons résultats, (quelles écoles spéciales, quels résultats?) La marine, tout en reconnaissant

6

qu'elle *doit user* de cette *ressource* avec *réserve*, demandera désormais à l'école polytechnique, un contingent de deux élèves *destinés à jeter un peu plus d'éclat sur la carrière du commissariat.*

Voilà donc la mesure proposée pour « relever le corps du commissariat à ses propres yeux.»

Vainement on cherche un peu de logique dans ce rapport. Après avoir reconnu que la marine devait user sobrement des éléments étrangers, (et il aurait dû dire qu'elle ne devait pas en user du tout), le rapport conclut à l'admission de deux élèves de l'école polytechnique pour jeter plus d'éclat sur un des corps de la marine. Après avoir institué, avec juste raison, un concours pour le grade d'aide-commissaire, le rapport propose de *nommer* à ce grade deux jeunes gens qui ne connaissent pas même de nom l'inscription maritime ou la cour des comptes.

Le rapport ajoute ; « quelques dispositions de détail seront accueillies avec faveur par tout le commissariat.» Je doute fort qu'au nombre de ces dispositions accueillies avec faveur, il faille compter celle de l'admission des élèves de l'école polytechnique.

Quoiqu'il en soit, le décret proposé fut signé :
« Art. 5 § 2. Chaque année l'école polytechnique *a droit* à deux places d'aide-commissaire.»

Ces deux jeunes gens entrent donc dans le commissariat non pas avec le premier grade, (pour lequel on exige aujourd'hui le diplôme de licencié en droit) ce qui serait déjà plaisant, mais bien avec un grade supérieur. Quant à l'examen d'aide-commissaire, comme il leur est impossible d'en savoir un mot, il est de toute justice qu'on ne le leur demande pas.

» Art. 5 § 6. Les aides-commissaires provenant de l'école polytechnique ne pourront être promus *au choix* au grade *de sous-commissaire* qu'autant qu'ils auront accompli un an d'embarquement, et qu'ils auront satisfait à un *examen* dont le programme

sera le même que celui exigé des commis de marine pour passer
au grade *d'aide commissaire.*»

D'après cette disposition, leur droit d'ancienneté était entier, et
ils pouvaient arriver au grade de sous-commissaire sans avoir fait
preuve de la moindre capacité.

Le décret du 7 octobre 1863, au lieu de supprimer purement
et simplement cette provenance peu sérieuse, se contente de
dire :

« Les aides commissaires, provenant de l'école polytechnique,
ne pourront être nommés *sous-commissaires, même à l'ancienneté*
qu'après avoir été déclarés admissibles dans un *examen* dont le
programme sera le même que celui du *concours* pour le grade
d'aide-commissaire.»

Les élèves de l'école polytechnique qui entrent dans le commissariat de la marine ne peuvent donc connaître aucune des questions administratives, ils entrent dans le corps sans concours ni
examen, ils entrent avec un grade supérieur. Plus tard, pour
passer sous-commissaires, ils n'ont à satisfaire qu'à un examen
dont le programme est le même que celui des connaissances
exigées pour le grade d'aide-commissaire.

Tout cela est évidemment injuste et ne peut produire que des
résultats déplorables ; je n'insiste pas, (1).

Le même décret permet aussi à un certain nombre d'aspirants
sortant de l'école navale, l'accès dans le corps du commissariat

(1) On pourrait cependant rapprocher les deux pargraphes suivants de l'article 5.

« § 2. Nul ne sera promu au grade de sous-commissaire au choix s'il ne réunit 6 ans
de grade comme aide-commissaire, ou s'il ne compte, indépendamment des 3 ans de
grade exigés par l'art. 7, une année d'embarquement à bord des bâtiments de
l'Etat.

« § 7. L'examen des aides-commissaires provenant de l'école polytechnique aura
lieu, autant que possible, dans le cours de leur 3e année de service comme aide-commissaire.»

Le décret s'occupe donc de faire passer au choix les aides-commissaires provenant de
l'école polytechnique après le minimum de temps exigé pour cet avancement. C'est vrai-
ment fort paternel.

de la marine, il est vrai avec un grade bien inférieur. Nous ne saurions admettre davantage cette disposition. Que ces jeunes gens fassent preuve des connaissances exigées pour le grade de comm. de marine, en se présentant au concours; tous les droits seront respectés, et les services administratifs y gagneront.

Si l'on veut réellement avoir un corps d'administrateurs de la marine parfaitement homogène, instruit, travailleur ; si l'on veut sincèrement supprimer les effets de la faveur et des protections, il suffit de créer une école d'administration maritime dans un de nos ports de guerre.

Les jeunes gens qui en sortiront connaîtront les services nombreux dont est chargé le commissariat, et n'éprouveront pas le besoin d'être *relevés à leurs propres yeux*.

14° Ecole des eaux et forêts.

Les décrets d'organisation de l'école polytechnique portent :

« Les élèves admissibles dans les services publics qui, faute de places, n'ont pu être désignés pour l'un des services énumérés précédemment, peuvent être reçus à l'école forestière.»

Ces élèves sont reçus bien entendu sans examen ; or, les candidats à l'école forestière subissent un concours pour y être admis (1). Je ne saurais admettre une pareille inégalité ; car de deux choses l'une, ou bien les élèves de l'école polytechnique sont capables d'être classés parmi les élèves reçus, et alors le résultat du concours le constatera, ou bien ils n'en sont pas capables, et alors il ne faut les admettre sous aucun prétexte.

Ce dilemme est tellement simple, que je ne fais que l'indiquer.

(1) Nous ne disons que fort incidemment un mot de l'école forestière: Il est évident que nous demandons également pour cette école une organisation semblable à celle que nous avons indiquée pour les autres écoles civiles.

15° Corps de l'armée de terre ou de mer autres que ceux mentionnés précédemment.

Les décrets d'organisation de l'école polytechnique disent également que les élèves admissibles dans les services publics qui n'ont pu être placés, peuvent, conformément à la loi du 16 avril 1832, être nommés «sous-lieutenants dans les corps de l'armée de terre ou de mer autres que ceux indiqués précédemment»

Ces corps sont donc : 1° Tous les corps d'infanterie de l'armée; 2° ceux de cavalerie et du train des équipages; 3° l'infanterie de marine ; 4° la gendarmerie.

Cette disposition laisserait supposer que l'école militaire est inutile. Nous renverrons donc le lecteur à ce que nous avons dit des élèves de l'école polytechnique sortant dans la marine militaire.

16° Les autres services publics qui exigeraient, des connaissances étendues dans les sciences mathématiques, physiques et chimiques, et qui pourraient être ajoutés par *décrets* aux services ci-dessus spécifiés.

L'ordonnance du 30 octobre 1832 mettait au nombre de ces services publics *l'enseignement des sciences*, ce qui tendait à supprimer la section des sciences de l'école normale ; mais cette disposition semblant avoir disparu depuis, nous n'avons à nous occuper que de la formule générale qui se trouve en tête de ce chapitre.

L'école polytechnique avait réussi à accaparer successivement tous les services publics ; mais pensant que plus tard d'autres services pourraient être créés, et que la constatation officielle de ses connaissances *étendues* dans les sciences, ne pouvait que lui être profitable, elle fit introduire cette phrase qui reconnaît pour ainsi dire son droit de s'introduire dans toutes les carrières qui pourraient lui convenir.

Nous avons vu, en effet, par de nombreux exemples, qu'on ne demande aucune connaissance spéciale aux élèves de l'école polytechnique pour leur entrée dans un grand nombre de services publics, et nous ne voudrions pas jurer, si cette école continue à exister, que les places dans les finances, dans les douanes, dans l'administration centrale, etc., ne leur fussent un jour réservées.

Nous avons indiqué l'organisation libérale que nous désirons pour toutes les écoles qui ne sont aujourd'hui que les annexes de l'école polytechnique; mais nous reconnaissons que ces réformes radicales ne peuvent se faire en un jour et qu'elles demandent des études sérieuses pour chaque école en particulier.

D'ailleurs, l'école polytechnique, quoique désorganisée par les évènements qui ont désolé la France; renferme encore quelques élèves vis-à-vis lesquels l'Etat s'est en quelque sorte engagé.

On pourrait donc proposer une loi transitoire qui sauvegarderait ces intérêts particuliers et qui serait rédigée dans ce sens :

Art. 1er. Il n'y aura plus à dater de ce jour d'examen d'admission à l'école polytechnique, laquelle sera définitivement supprimé en 1872.

Art. 2. Les examinateurs et professeurs de cette école rentreront à cette époque dans les corps auxquels ils appartiennent.

Art. 3 Les élèves actuellement à l'école, y termineront leurs deux années d'études. Ils pourront entrer, après avoir satisfait aux examens de sortie, dans les carrières du gouvernement ci-après désignées : Artillerie de terre, artillerie de marine, génie maritime, ponts et chaussées, mines, télégraphes.

Art. 4. A leur sortie de l'école, les élèves désignés pour les services publics seront dirigés sur les écoles spéciales actuelles ou *réorganisées*, en conservant leur droit aux places du gouvernement.

Art. 5. L'école polytechnique ayant été, dans ces derniers temps, considérée comme une école militaire, le temps passé à cette école comptera aux élèves comme séjour dans les camps d'instruction.

Art. 6. Le corps du génie militaire étant réuni à celui de l'artillerie, celui des ingénieurs hydrographes étant supprimé, ceux de la marine militaire, de l'état-major, de l'infanterie et de la cavalerie, du commissariat de la marine demandant des connaissances spéciales que l'on ne saurait acquérir à l'école polytechnique, et l'administration des poudres et salpêtres devant être dorénavant confiée à l'artillerie, les élèves de l'école polytechnique n'y pourront être admis.

Art. 7. Les diverses écoles spéciales du gouvernement seront réorganisées le plus promptement possible. Elles seront divisées en écoles militaires et écoles civiles.

Art. 8. Toutes ces écoles seront gratuites.

Art. 9. Chaque année un *concours* aura lieu pour l'admission aux écoles militaires (école d'artillerie, école spéciale militaire, école navale).

Les élèves y seront internes et soumis à la discipline militaire

La limite d'âge pour l'entrée aux deux premières écoles sera fixée à 20 ans, celle pour l'école navale restera fixée à 17 ans.

Art. 10. Chaque année des *examens* seront subis par les candidats aux écoles spéciales civiles.

Ces écoles ne renfermeront que des élèves externes dont le nombre ne sera pas limité.

Il n'y aura pas de limite d'âge pour l'admission aux écoles civiles.

Art. 11. A la fin des études, un *concours* établira un classement Les élèves, par ordre de mérite, auront droit aux places vacantes dans les services publics (sauf l'exception transitoire reconnue en faveur des élèves de l'école polytechnique). Les autres élèves recevront un certificat de capacité, s'il y a lieu, où sera inscrit leur numéro de sortie.

Art. 12. Il sera établi dans le plus bref délai le programme d'admission aux diverses écoles spéciales, afin que les matières exigées puissent être enseignées dans les facultés et les grands collèges

Des règlements indiqueront pour chacune de ces écoles le lieu où elle sera établie, ainsi que la durée et la nature des études.

En terminant cette étude dans laquelle nous avons certainement omis bien des critiques possibles, nous nous demandons si nous avons pu faire passer notre conviction dans l'esprit du lecteur.

Nous avons cherché à prouver que l'école polytechnique, avec ses *droits* et ses prérogatives, tient dans ses mains puissantes tous les services publics, et qu'elle nuit au progrès général en ne permettant qu'aux siens d'arriver.

Nous avons voulu établir que cette école, destinée dans le principe, à répandre l'instruction supérieure, ne fait que la limiter (et encore ?) à un petit nombre de favorisés.

Nous avons voulu enfin indiquer les moyens qui nous semblent les plus propres à faciliter l'étude des sciences, et à en répandre le goût, à procurer à l'État des fonctionnaires plus capables et peut-être plus modestes, et à l'industrie un plus grand nombre de chefs instruits.

Avons-nous réussi ?

Ne serons-nous pas au contraire traité d'esprit jaloux et injuste ? Nous espérons que non, car, ces pages ont été écrites avec conscience, et s'il nous est parfois échappé un mot un peu mordant, ce n'a été que contre des usages et des dispositions réglementaires, jamais contre des personnes.

Peut-être cette brochure sera-t-elle suivie par d'autres plus habiles et plus convaincantes nous le désirons ; peut-être aussi appellera-t-elle une réfutation où l'on cherchera à démontrer la nécessité de conserver à la France une *institution que l'Europe lui envie*. Nous en serions heureux, car, entre gens de bonne foi, la vérité doit sortir de la discussion, et le public qui doit juger en dernier ressort, doit avoir sous les yeux toutes les pièces du procès.

Nous faisons donc également appel aux partisans et aux adversaires de nos idées.

A. DELASALLE.

L'Orient, 10 mai 1871.

P. S. La publication de cette brochure ayant été retardée, nous avons pu lire, avant le tirage, dans le journal la *Liberté* du 1 juillet, un article que nous reproduisons et qui nous a ému.

L'École Navale. — Il est question en ce moment de modifier les examens d'admission à l'école navale de Brest, ainsi que les cours de cette école. On n'y pourrait plus entrer avant 16 ans accomplis, ni après 19 ans. Les examens seraient beaucoup plus sévères et embrasseraient plus de connaissances. Un enseignement militaire nouveau ferait partie des cours, de façon que les officiers de marine puissent, du jour au lendemain, devenir d'excellents officiers de terre. »

Nous ne prétendons pas qu'il n'y ait aucune amélioration à apporter à l'instruction donnée aux élèves de l'école navale; mais nous croyons qu'il faut laisser à chacun son métier, et que les notions d'art militaire nécessaires à l'officier de marine peuvent lui être données à l'école d'infanterie de Lorient par laquelle nous demandons que passent *tous les enseignes de vaisseau*. (1)

Quant à l'âge d'admission à l'école navale, nous croyons qu'il est *indispensable* de conserver la limite actuelle de 17 ans.

On ne saurait commencer trop tôt le métier de la mer, et l'on peut dire que les hommes, provenant du recrutement, qui entrent dans la marine à 21 ans, ne deviennent jamais *marins*.

Les examens d'admission embrassent des connaissances suffisantes. (On pourrait cependant insister davantage sur l'étude de l'anglais.)

L'instruction à l'école pourrait être plus complète, et nous avons demandé trois années d'études coupées par des navigations sérieuses.

(1) Deux mots sur l'état-major de l'armée navale. — Dentu.

Cette brochure ne comporte pas de longs développements sur ce sujet; mais nous espérons vivement que l'on conservera la limite d'âge actuelle, et que l'on n'entrera pas dans une voie qui serait funeste à notre marine.

5 juillet.

A. D.

Valence, imprimerie et lithographie Jules Céas et fils. — 303.